"十三五"普通高等教育实验实训规划教材

图解金工实习

主　编　郭建斌

副主编　佟　静　曹　宜　庄曙东　祝光源

·北京·

内 容 提 要

本书按照工程训练（金工实习）在教学中的基本要求，面向非机类、近机类工科专业人才培育需要，针对科技创新、创训等支撑任务，特别是满足新青年对新时代创新观人才培育的切实需要，着力培养学生现代化工程素质，启迪学生创新实践技能。全书包括铸造、切削、钳工、现代制造、特种加工、焊接等方面的基础知识、操作规范和示例等内容。

本书可供普通本科院校作为工程训练（金工实习）教学指导用书，也可供高职高专类院校作为工程训练（金工实习）教学通识指导用书。

图书在版编目（CIP）数据

图解金工实习 / 郭建斌主编. -- 北京 : 中国水利水电出版社, 2019.12（2022.8重印）
"十三五"普通高等教育实验实训规划教材
ISBN 978-7-5170-8301-6

Ⅰ. ①图… Ⅱ. ①郭… Ⅲ. ①金属加工－实习－高等学校－教材 Ⅳ. ①TG-45

中国版本图书馆CIP数据核字(2019)第288580号

书　　名	"十三五"普通高等教育实验实训规划教材 **图解金工实习** TUJIE JINGONG SHIXI
作　　者	主　编　郭建斌 副主编　佟　静　曹　宜　庄曙东　祝光源
出版发行	中国水利水电出版社 （北京市海淀区玉渊潭南路1号D座　100038） 网址：www.waterpub.com.cn E-mail: sales@mwr.gov.cn 电话：(010)68545888（营销中心）
经　　售	北京科水图书销售有限公司 电话：(010)68545874、63202643 全国各地新华书店和相关出版物销售网点
排　　版	中国水利水电出版社微机排版中心
印　　刷	清淞永业（天津）印刷有限公司
规　　格	145mm×210mm　32开本　2.5印张　63千字
版　　次	2019年12月第1版　2022年8月第2次印刷
印　　数	3001—4000册
定　　价	**18.00**元

本书编写人员

主　编：郭建斌
副主编：佟　静　曹　宜　庄曙东　祝光源
编　委：范世祥　郑圣义　刘卫东　夏海南　杨　沾

前　言

金工实习是一门实践基础课，是机械类、近机类和非机类工程专业高等教育必不可少的教学实践类课程。该课程不但可以培养学生的动手能力，还可使学生了解传统的机械制造工艺和现代机械制造技术，从而使学生具备热爱劳动的品质和理论联系实际的工作作风，拓展学生的视野，增强创新组织实施能力，是培养学生实践能力的重要途径。

机械制造生产过程实质上是一个资源向产品或零件的转变过程，是一个将大量设备、材料、人力和加工过程等有序结合的一个大的生产系统。短暂的时间不可能使学生完全掌握这一过程，但可使学生了解一些机械制造的一般过程，熟悉机械零件的常用加工方法，并且初步具备选择加工方法、进行加工分析和制定工艺规程的能力，从而让同学们了解机械制造工艺的基础知识，并掌握机械制造的相关技能。培养、提高和加强工程实践能力、创新意识和创新能力，达到提高学生的综合素质的培养目标。最终，满足新时代创新观人才培育的切实需要。

编写本教材，是为帮助学生在进行金工实习时，正确快速简洁地掌握材料的各种加工方法；认识了解各种机械制造工艺；明白毛坯和零件加工的工艺过程；了解当今制造业的先进加工方法和先进制造理念；指导实习操作，获得初步的操作技能；巩固感性知识，为后继的学习和今后的工作打下一定的实践基础。

在本书的编写过程中同时得到陈寿富教授等有关老师的大力支持，特此致谢！

由于编者水平有限，书中难免有欠妥或错误之处，敬请批评指正。

编　者

2019 年 10 月

目 录

第1章 金工实习前准备工作

1.1 金工实习安全教育

1.2 金工实习意义

金工实习是培养同学创新、创造能力的有效方法。

1.3　金工实习常用工具

1.3.1　游标卡尺

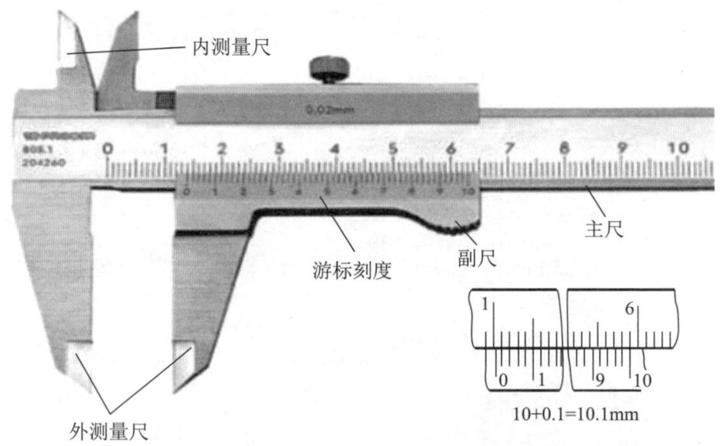

游标卡尺是比较精密的测量工具，可以测外径、内径、深度。

1.3.2　百（千）分尺

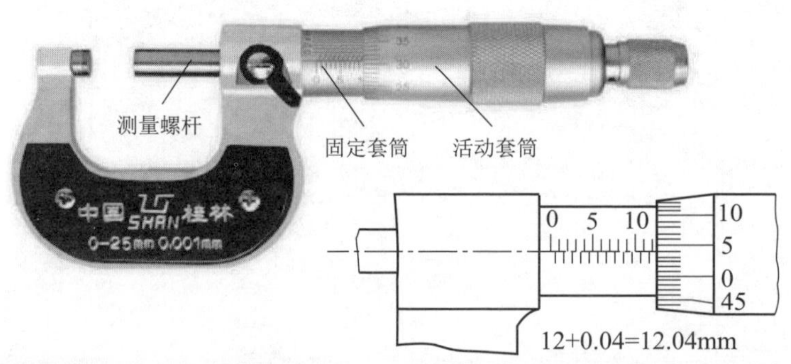

精度 0.01mm 的叫百分尺，精度 0.001mm 的叫千分尺。

1.3.3 其他实习工具（一）

（1）划卡：用来确定轴和孔的中心位置。

（2）百分表：小指针刻度＋大指针刻度 ×0.01 即得到所测量的数值。

（3）划规：用于划圆，量取尺寸和等分线段。

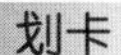

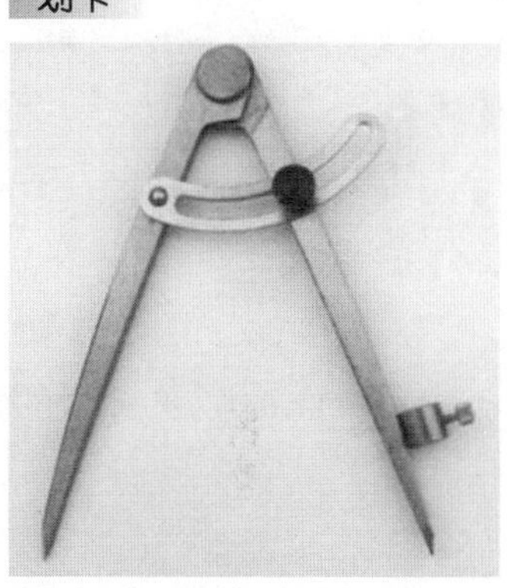

百分表

划规

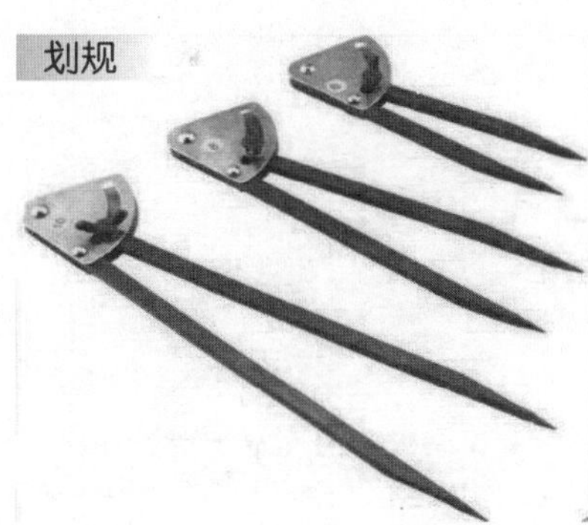

在测量被加工的工件时，工件要在静态下测量，不要在工件转动或加工时测量，否则易使测量面磨损，测杆被扭弯，甚至折断。

1.3.4 其他实习工具（二）

（1）划针：在工件表面划线的工具。

（2）万能角度尺：直接测量工件角或划线。

（3）手锯：用于锯切操作。

（4）样冲：在所划的线上打样冲的工具。

（5）台虎钳:用于夹持工件。

万能角度尺

划针

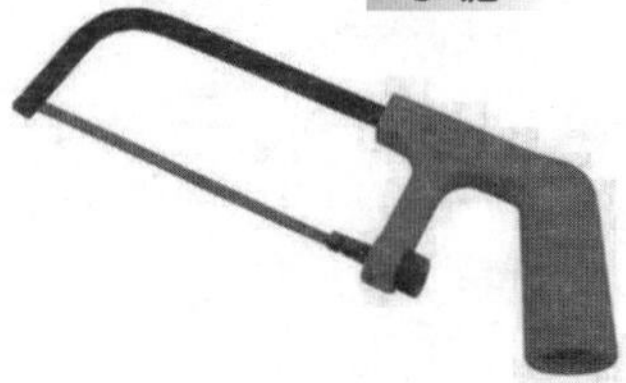

台虎钳

钳口

砧台

固定螺母

丝杠

底盘座

手锯

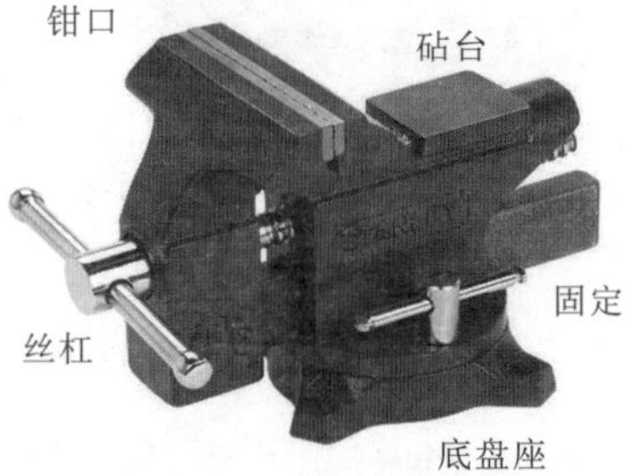

样冲

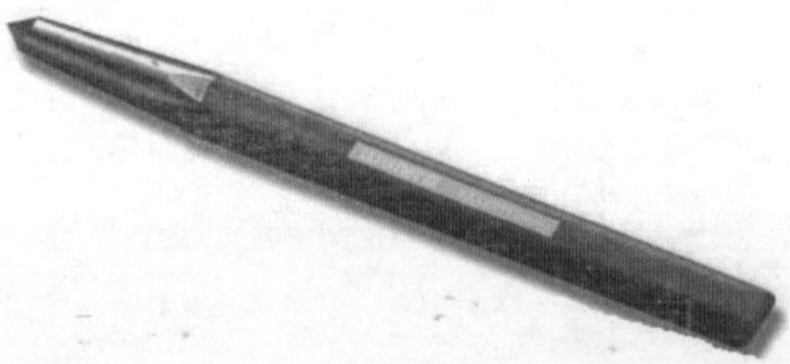

1.4　金工实习常见金属材料

工程材料	金属材料	黑色金属	 铸铁	 钢	
		有色金属	 铝	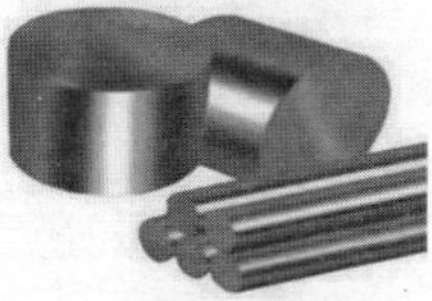 铜	
	非金属材料	陶瓷材料	 氧化物陶瓷	 氮化物陶瓷	
		高分子材料	 塑料	 橡胶 	纤维

1.5　金工实习流程

金工实习是必修实践教学环节，主要完成安全教育、普车、普铣、数铣、测量、钳工、特种加工等实训项目，并提交实习报告就可以结业了。

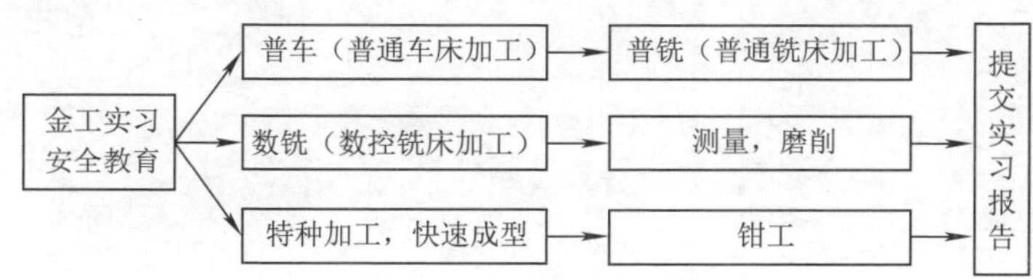

1.6 金工实习工种简介

（1）工件热处理实习。

对材料进行加热、保温、冷却，以获得不同材料性能的工艺。常用处理技术有普通热处理和表面处理技术。

普通热处理技术

整体热处理（退火、正火、淬火、回火等）

表面热处理分为表面淬火和化学热处理

其他热处理（形变热处理等）

常用的表面处理技术

高频淬火

表面覆层覆膜技术气相沉积、涂装等

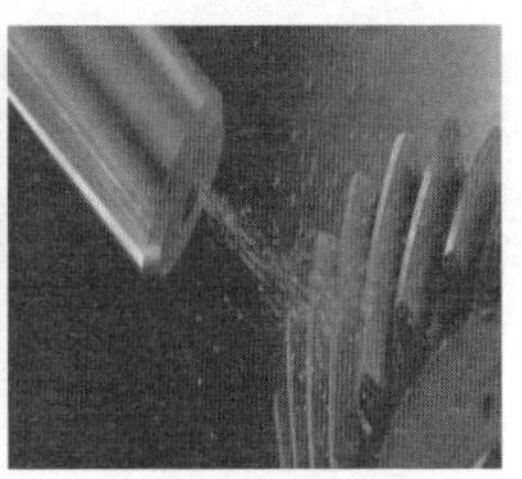

表面组织转化技术喷丸、滚压、抛光等

表面机械强化

抛光处理

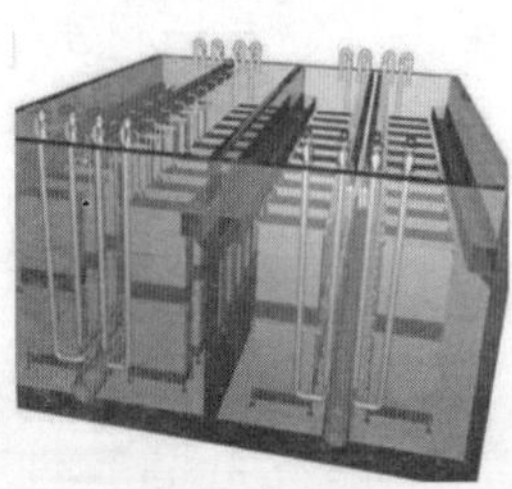

转化膜处理

电镀与化学镀

（2）铸造实习。

将融化的金属液体浇注到铸型空腔中，待其冷却凝固后，形成构件的生产方法。较为常见的铸造有砂型铸造、离心铸造、压力铸造等。

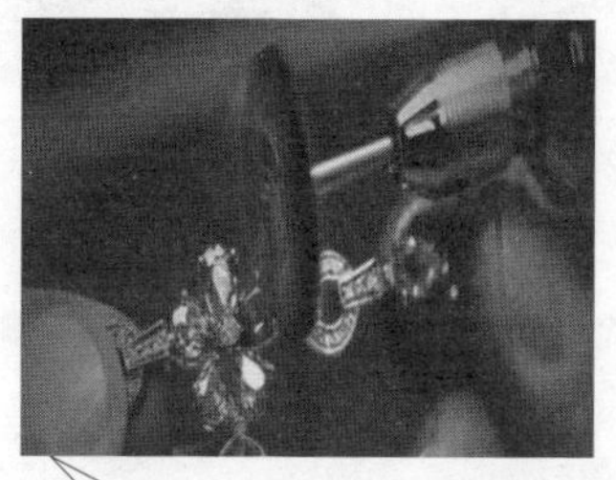

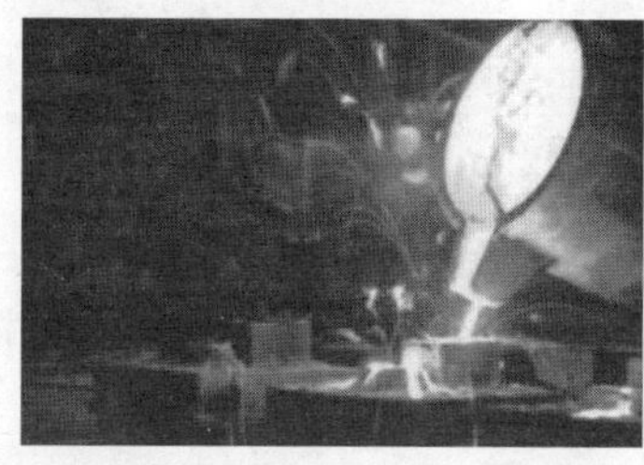

浇包中金属液不能超过80%，浇注工具要干燥，避免接触金属液时飞溅。

不可用身体触及未冷却的铸件。

（3）焊接加工实习。

焊接是通过加热或加压并使用填充材料使焊件永久连接的加工方法。

焊接主要有钎焊、熔化焊、压力焊三种常见形式。

钎焊

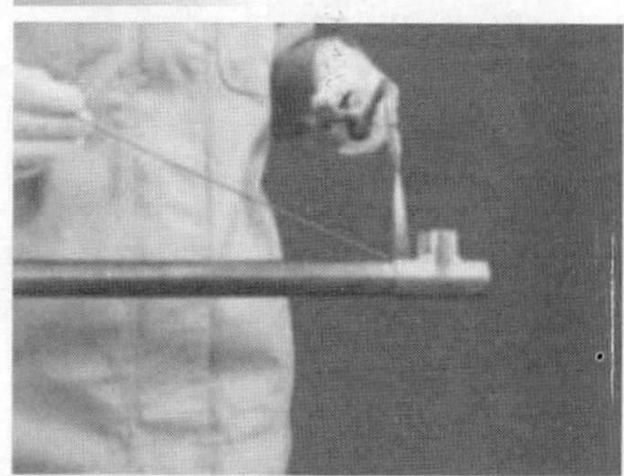

熔化焊

压力焊

（4）切削加工实习。

车削加工

铣削加工

磨削加工

钻削加工

刨削加工

齿形加工

（5）钳工实习。

钳工实习是指通过手持工具对工件进行加工的过程。

安全小贴士：多人共用一台机床时，只能一人操作，严禁两人同时操作，以防意外。加工过程中操作者不能离开机床。

（6）特种加工。

电火花打孔

线切割加工

激光加工

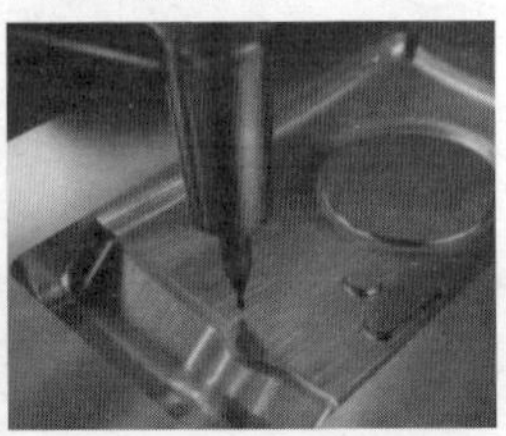

第2章

铸造实习

2.1 铸造概述

铸造优点如下：

（1）可制作外形、内腔复杂的毛坯。

（2）原材料来源广泛，还可利用报废的机件或切屑。

（3）工艺设备费用少，成本低。

★铸造广泛用于机床制造，动力，交通运输等设备制造。

2.2 铸造工艺过程及常用工具

（1）制造木模。

（2）型芯和型砂。

（3）手工造型。

（4）常用工具。

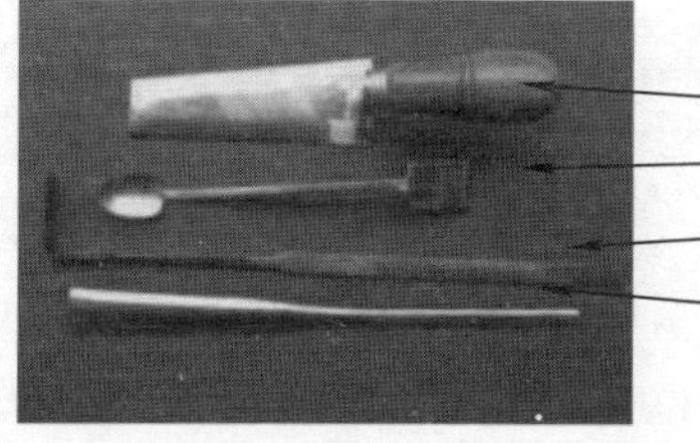

手工造型操作灵活，是批量生产的重要方法。

河砂时要用适合的干湿度。

2.3 砂型铸造

（1）砂型铸造流程。

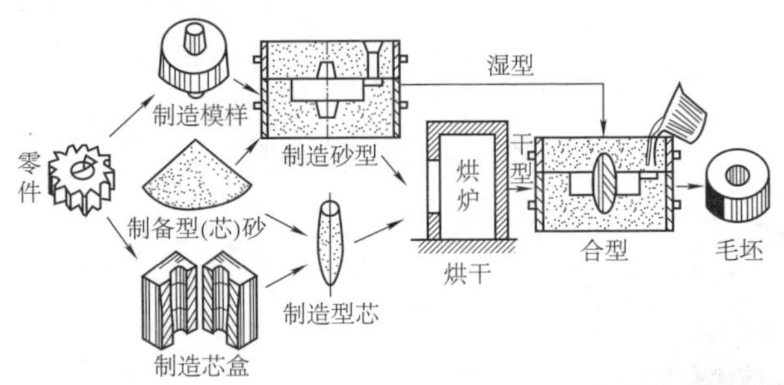

（2）砂型的制造。

型砂紧实成型，其中型芯由原砂和粘结剂组成。型砂和型芯应具备：①透气性；②强度；③耐火度；④可塑性。型芯要求良好的综合性能。

（3）浇筑。

铸件完成检验合格后即可入库，不合格者要铸件返修，返修后还不合格者，则回炉重造。

（4）刮砂。

（5）铸件完成。

（6）铸件成品。

2.4 铸造的其他造型方法两箱分模造型

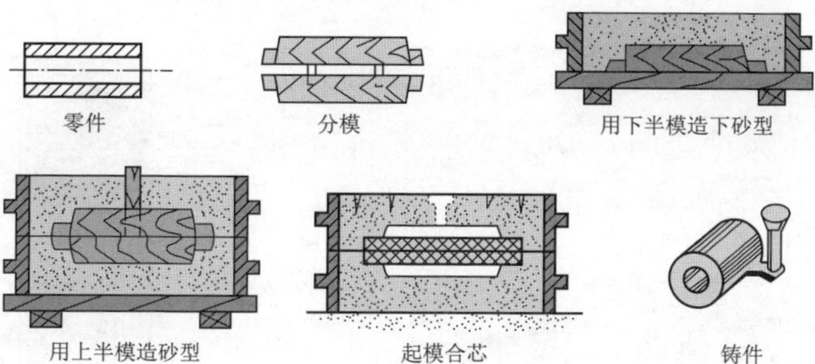

（1）两箱造型应用最广，模样可以一次由砂型中取出，操作方便。

（2）挖沙造型适用只能制造整模且分型面又是曲面的情况。

（3）活块造型起模时先取出主体模，再用适当方法取出活块。

2.5 铸造工艺图简介

铸造生产时，应根据铸件的特点、技术要求等画出铸造工艺图。运用红蓝两色铅笔标注工艺符号。

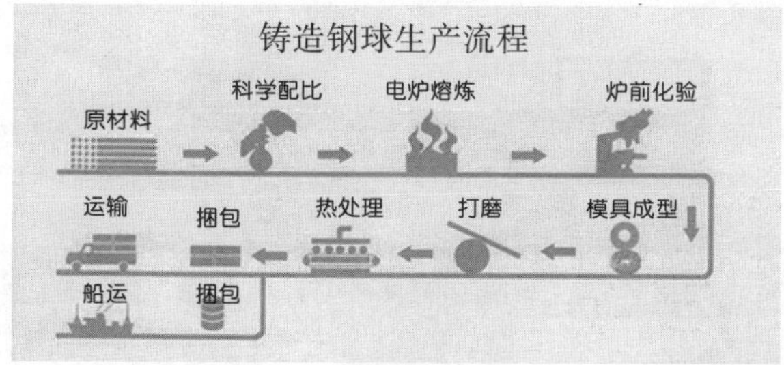

2.6 铸造技术要点

（1）分模面。模型分开的切面叫作分模面。

（2）浇筑位置。铸件在铸型中所处的位置叫作浇筑位置，对铸件质量影响很大。

2.7 熔炼及浇注

（1）铸铁的熔炼。铸铁的熔炼一般采用冲天炉进行。冲天炉的熔料主要有焦炭，溶剂和金属料等。

铸铁熔炼可用冲天炉。

冲天炉

（2）铸钢及有色金属铸造简介。

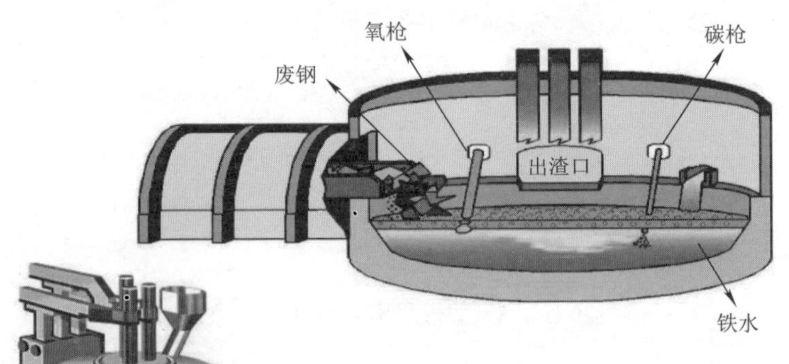

铸钢及有色金属铸造，主要采用电弧炉进行。常用有色金属主要有铝、镁、铜等。

2.8　铸件缺陷及质量检测

铸造因为工艺复杂、工序多、投料多等原因，易产生缺陷。

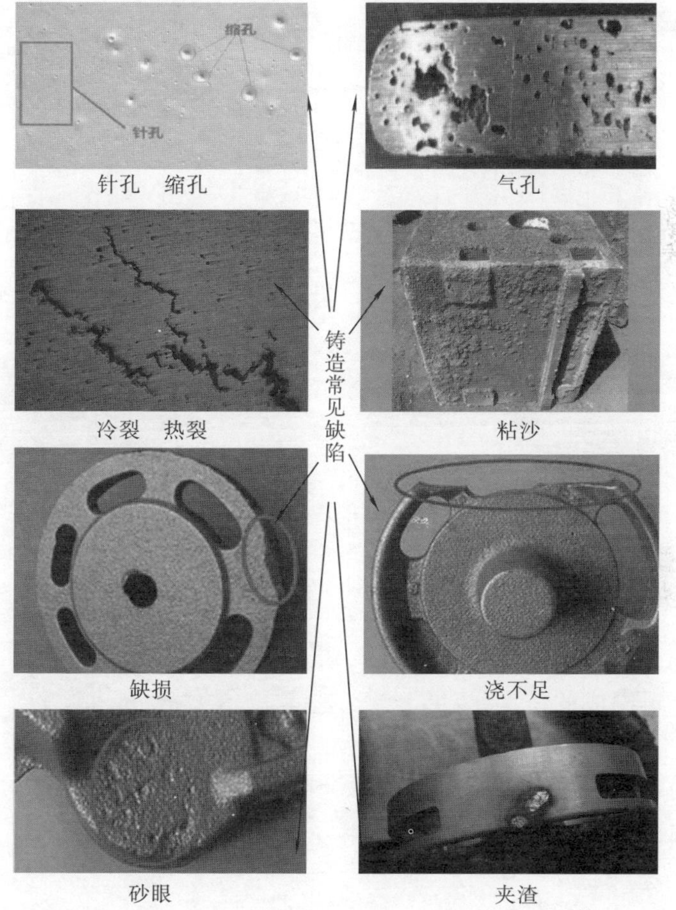

针孔　缩孔　气孔　冷裂　热裂　粘沙　缺损　浇不足　砂眼　夹渣

铸件的质量检验，分为外观检验和内在质量检验。常用检测方法有着色法、超声探伤法等。根据检验结果，分为合格品、返修品和废品。

★废品不能投入生产，只能回炉重新熔炼。

2.9　特种铸造简介

（1）熔模铸造。

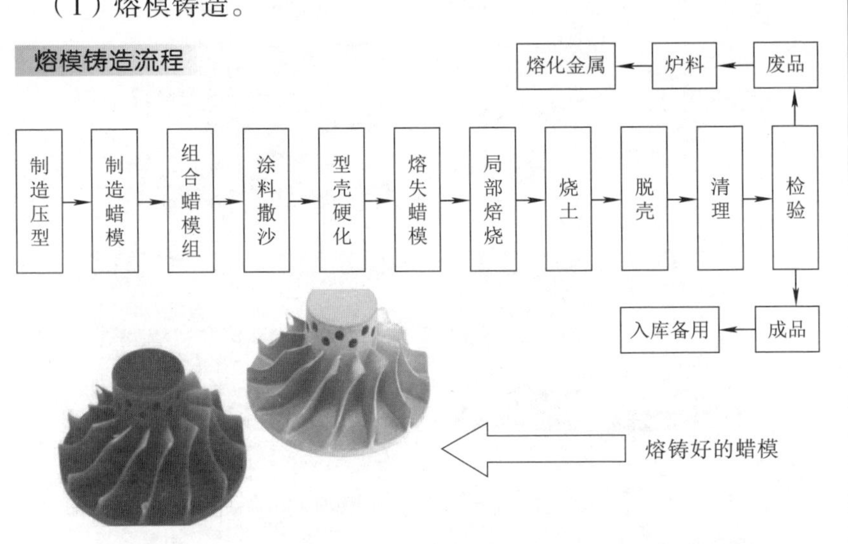

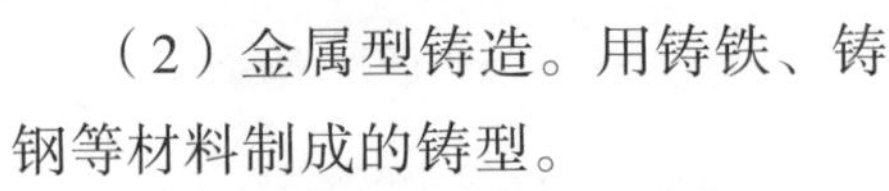

（2）金属型铸造。用铸铁、铸钢等材料制成的铸型。

（3）压力铸造。将液态金属在高压下快速填充到金属铸型中。

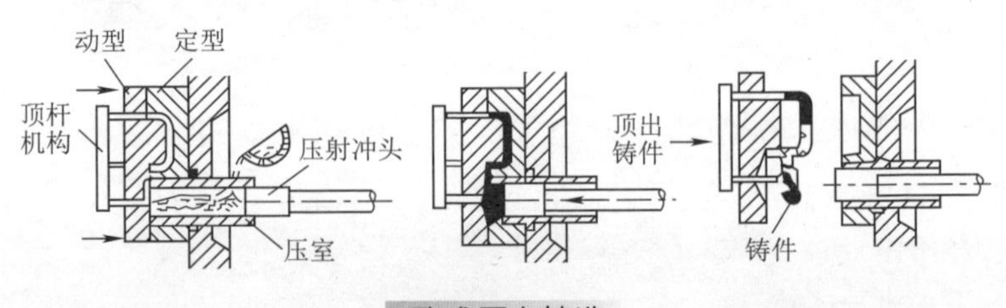

卧式压力铸造

第3章 切削加工实习

3.1 切削概述

切削加工主要有车削、钻削、铣削、刨削、磨削等加工方式。

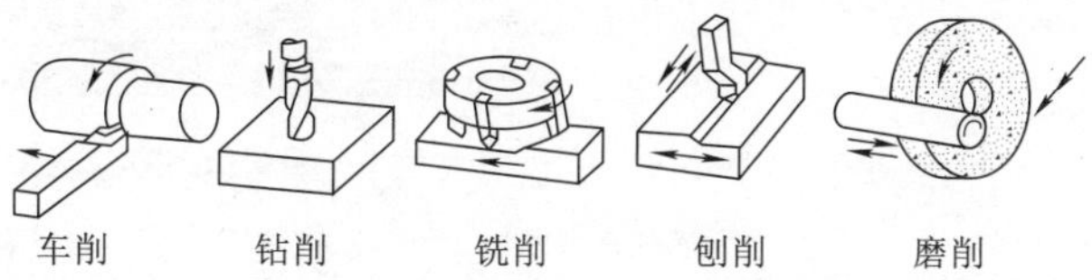

3.2 车削加工及基本工件介绍

车削加工就是在车床上利用工件的旋转和刀具的移动来改变工件形状和大小的加工方法。

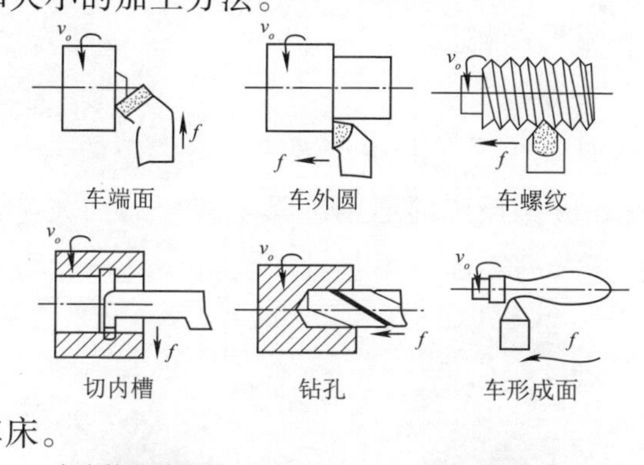

（1）车床。

（2）车刀。车刀可分为外圆车刀、切断刀、螺纹车刀等。

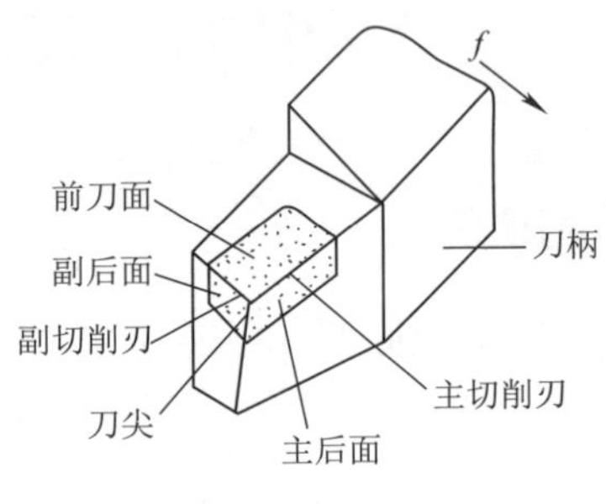

外圆车刀

车刀的刃磨，装夹

未经使用或用钝后的车刀一般采用砂轮机进行刃磨。

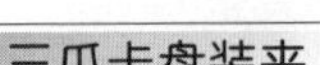

（3）工件的安装。

安装要求如下：

1）工件位置要准确。

2）保证装夹稳固。

3）保证工件加工质量和生产效率。

三爪卡盘是应用最广的通用夹具；较长的轴类工件常采用顶尖安装；形状复杂的工件可用花盘安装。

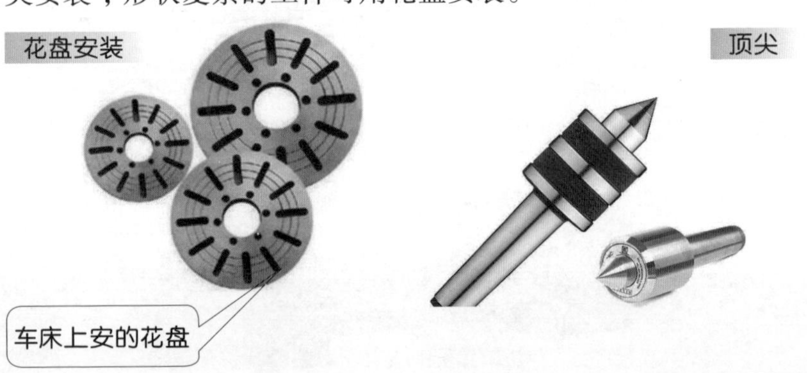

（4）车削的基本应用。

车端面

车外圆和台阶

滚花

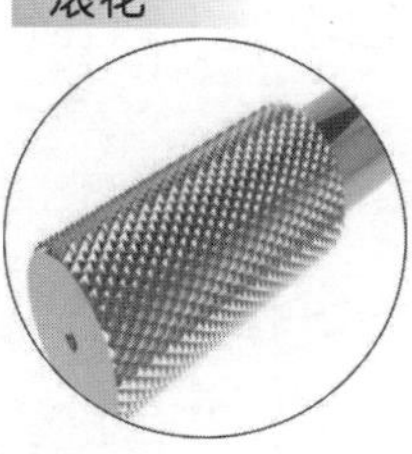

车螺纹

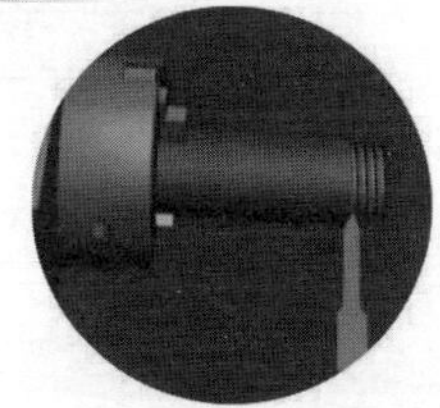

切槽和切断

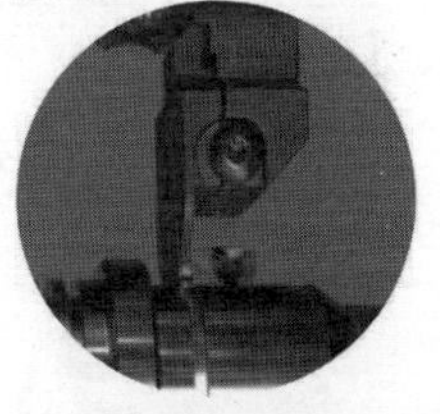

安全小贴士：高速切削时，要戴好防护镜，防止高速切削飞出的切屑损伤眼睛。

车削加工成品

小知识

21世纪机械工程科学的重要前沿

半个世纪以来，我国的机械工程科学得到了很大的发展，学科体系初具规模，在学科前沿、技术创新和工程应用等诸方面取得了突出成就。人形机器人、无人驾驶汽车、南海造岛机械、高速铁路、隐身飞机等一大批现代机械工程成果大量涌现，融合人工智能、精密制造、芯片自动控制和3D-CAD创新设计为特点的机械工程科学呈现巨大生命活力。

3.3 刨削加工

刨削加工指在刨床上用刨刀对工件进行切削加工的方法。

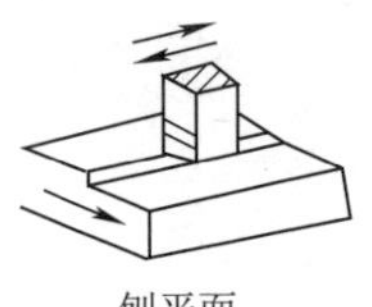

刨平面

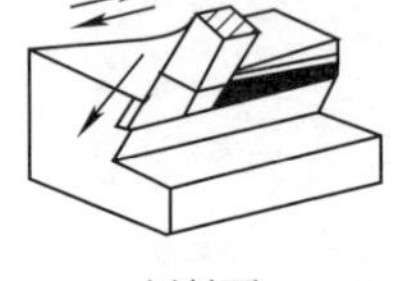

刨斜面

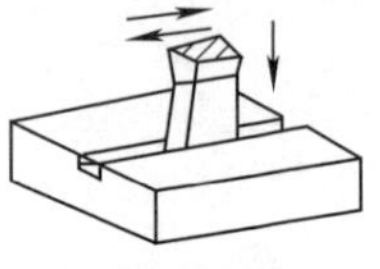

刨沟槽

刨削加工的典型零件

（1）刨削加工牛头刨床。

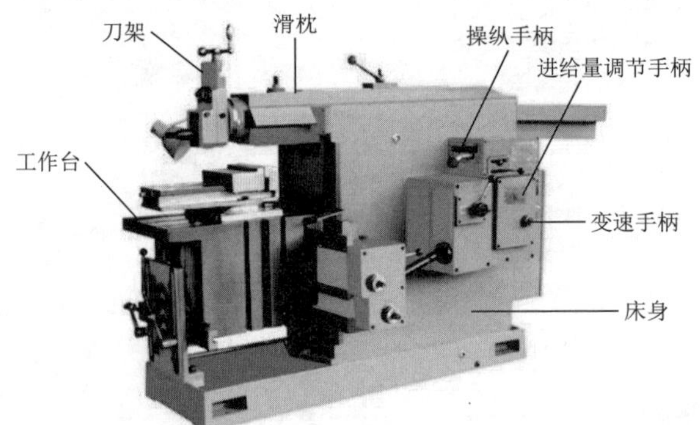

（2）其他刨削设备。

龙门刨床

插床

（3）刨削的加工过程。

1）刨刀的安装。

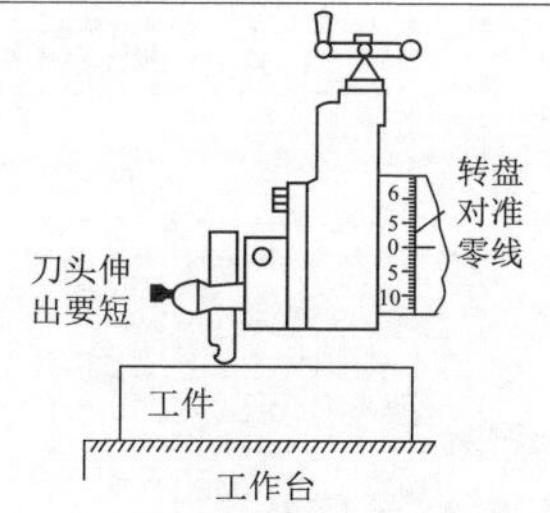

2）工件的安装。刨刀刀杆截面积要比车刀大，刨削较硬的工件时，刨刀刀杆常常做成弓形。

工件的安装常有虎钳安装和工作台安装两种。

3）刨水平面。

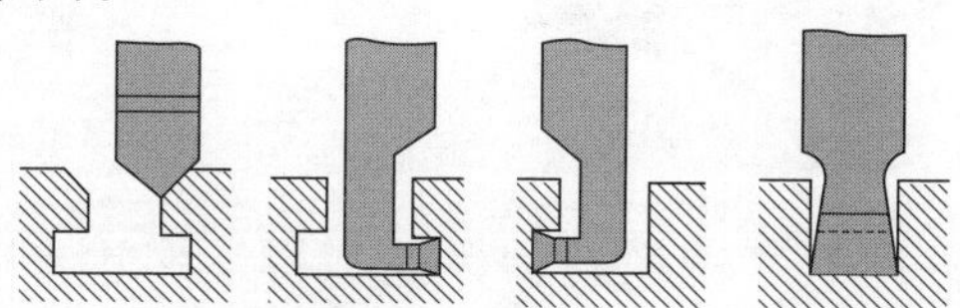

4）刨垂直面。

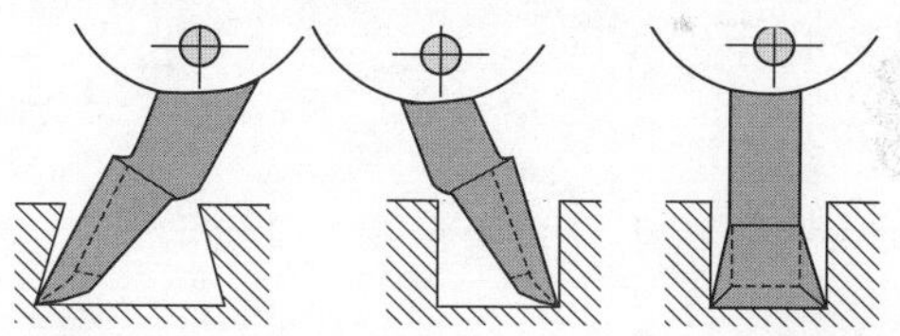

5）刨斜面。

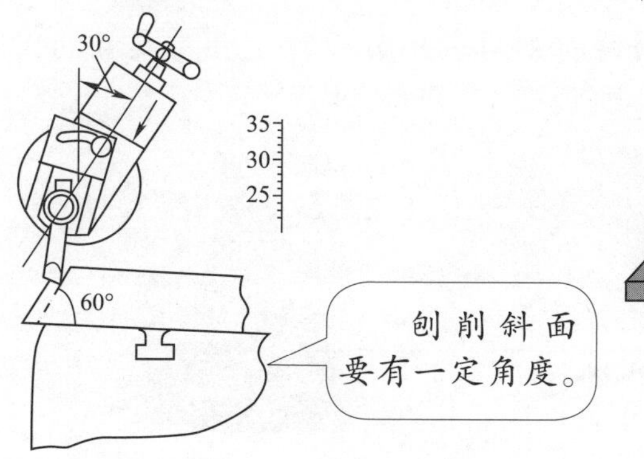

6）刨沟槽。

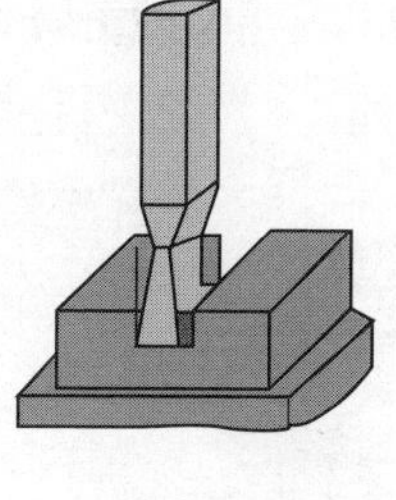

3.4 铣削加工

在铣床上用铣刀对工件进行加工的方法。

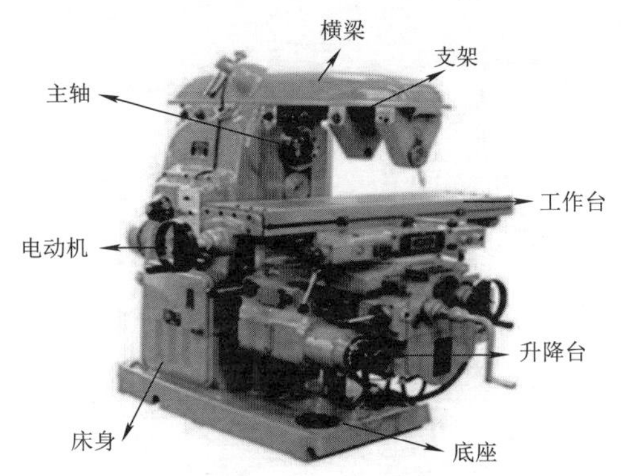

万能卧式铣床
（应用最多的铣床）

（1）铣削分度头。铣削各种齿轮齿圈、多边形、花键等均采用分度头进行分度。

1）工件安装成合适角度。

2）进行分度。

3）铣螺旋槽时配合工作。

分度方法

例：铣削六方时，工件的等分数为 Z，则分度手柄每次转数为 $n=40\times1/6=6\times2/3$ 周此时则可利用分度盘上孔数是 6 的倍数的孔圈，如 14 孔数的孔圈。

分度头

铣刀

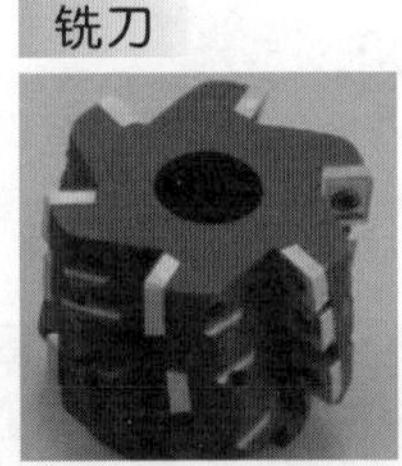

（2）铣削的基本方法。

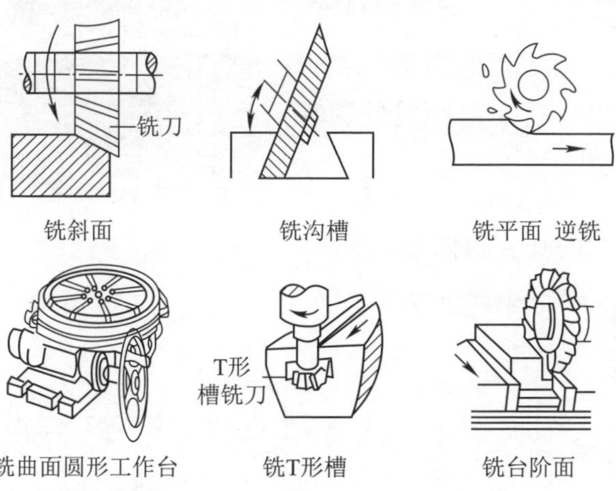

3.5　磨削加工

磨削加工是利用砂轮作为切削工具，对工件表面进行加工的过程。

（1）磨床。

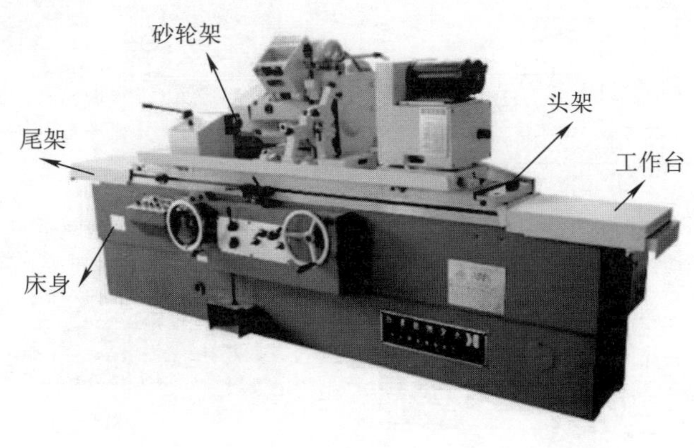

（2）砂轮。砂轮有刚玉类和碳化硅类，应具有一定的刚度和强度。刚玉类韧性好，适于磨削钢料；碳化硅类硬度高，适于磨削铸铁、青铜等脆性材料。

（3）砂轮的安装与修整。

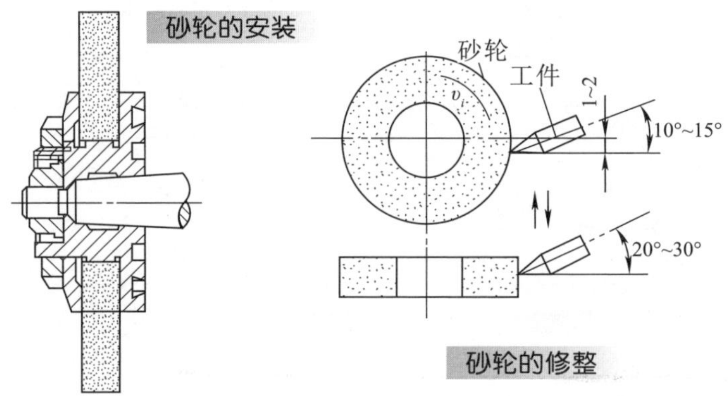

砂轮的安装

砂轮的修整

（4）磨削的基本方法。

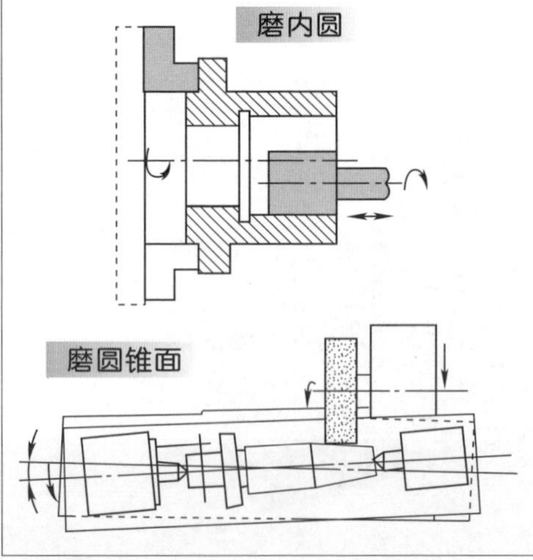

磨内圆

磨圆锥面

磨外圆

第4章 钳工实习

4.1　钳工概述

钳工是手持工具对工件进行加工的方法，包括划线、錾削、锯削、锉削、钻孔、攻丝、套扣、刮削、研磨，并进行装配和修理等操作。钳工常用的设备有工作台、台虎钳等。

钳工的工艺特点如下：

（1）工具简单，成本低，材料来源充足。

（2）加工灵活，方便，能够加工复杂要求的零件。

（3）对技术要求水平高。

工作台

台虎钳

4.2　划线

根据图纸要求在毛坯表面划出加工界限的操作。

1）划好线能明确加工余量及加工位置。

划线

2）通过划线检查毛坯的形状尺寸是否符合图纸要求，避免不合格的毛坯投入机械生产。

3）通过划线合理分配加工余量，从而保证少出或不出废品。

（1）划线基准工具。划线的基准工具是划线平板和划线平台。

划线平板划线平台

锤头、錾子、冲头尾部不准有淬头裂缝或卷边及毛刺，錾切工件时要注意自己和他人不要被切屑击伤。

（2）支承工具。

1）方箱用于夹持小且多面的工件。

2）千斤顶适合大工件，通常用三个千斤顶支承工件。

3）V 型铁用于划线支承圆柱形工件。

方箱

V型铁

千斤顶

V型铁支承工件

（3）划线工具。划线工具主要有划针，划规，划卡样冲等。划线时应在工件表面选择基准，一般以孔的轴线，或以加工的平面作为划线基准。

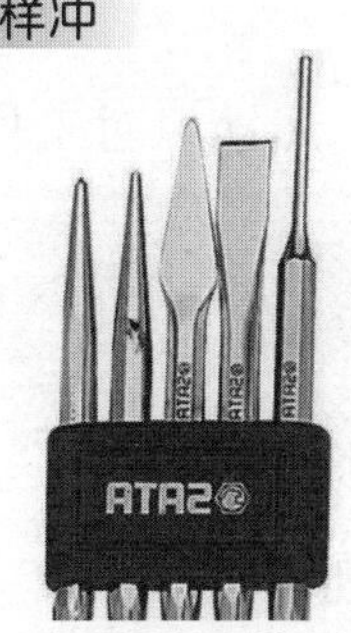

样冲

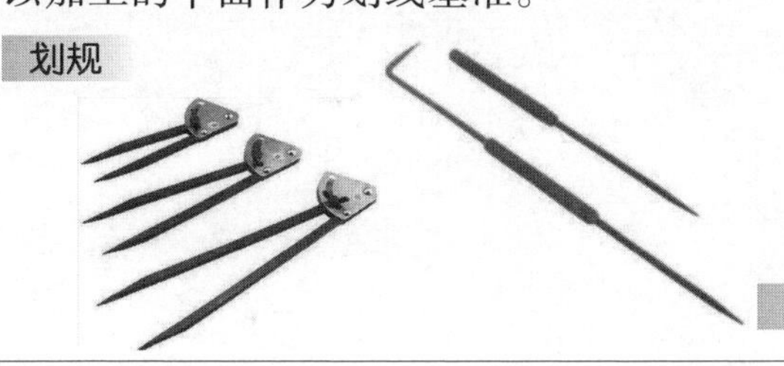
划规

划针

（4）划线方法及步骤。首先研究图纸，确定划线部位和划线基准；检查毛坯是否合格，然后清理毛坯的氧化皮和毛刺；在划线部位涂上一层涂料，铸锻件涂大白浆，对加工面涂品紫或品绿颜料；带孔毛坯用铅块或木块堵孔，最后划线。

4.3　锯切

用手锯锯断材料或在工件上锯出沟槽的操作。

（1）安装锯条强度适宜。

（2）工件应夹持在虎钳左边。

（3）起锯锯条垂直于工件，缓用力。

（4）前进切削时适当施加压力。

（5）锯条应直线往复移动和不左右摆动。

（6）锯切硬材料慢，软材料可快。

锯切操作

4.4 锉削

用锉刀对工件表面加工的切削加工。

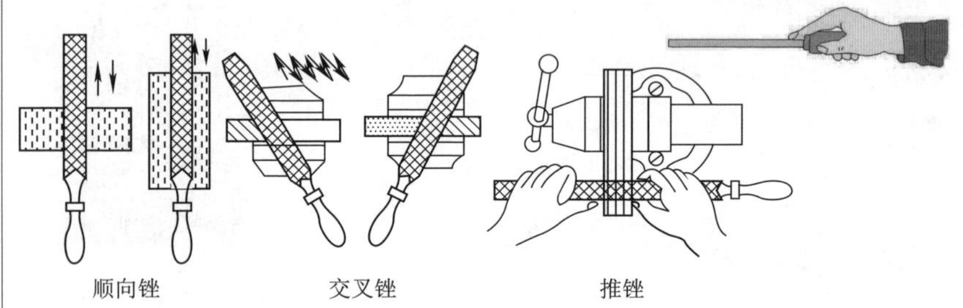

（1）锉削方法。

1）顺锉法：较小平面锉削。

2）滚锉法：锉削内外圆弧面和内外倒角。

3）交叉锉法：粗锉较大。

4）平面推锉：用于修光。

（2）锉削注意事项。

锉刀必须安装刀柄使用，锉刀不要触碰火钳钳口，不要用手触摸锉刀表面，锉下来的毛屑要用毛刷清理，不要用嘴吹。

4.5 孔加工

台钻：台钻可放置在桌上。钻床除了可以完成钻孔之外，还可以完成扩孔、铰孔、镗孔等操作。

（1）钻孔。

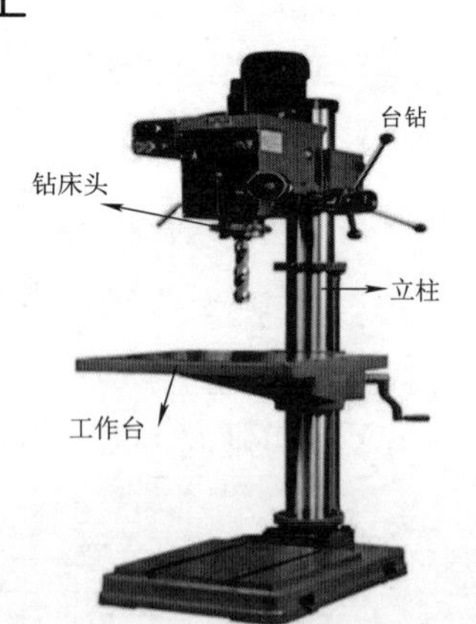

（2）扩孔。扩孔是对原有孔扩大孔径的加工方法，可以校正孔轴线偏差。

（3）铰孔。铰孔是对孔进行精加工的方法。

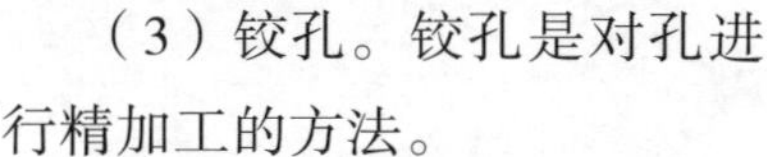

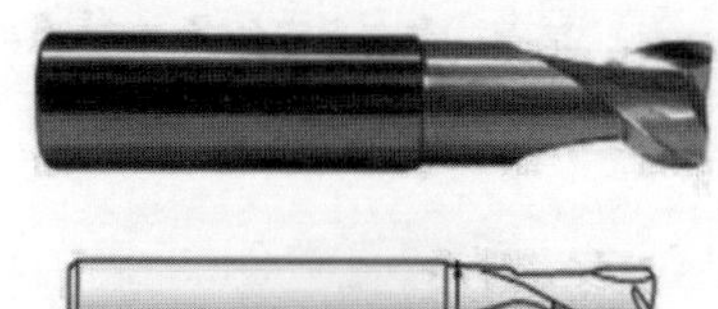

铰刀

扩孔刀

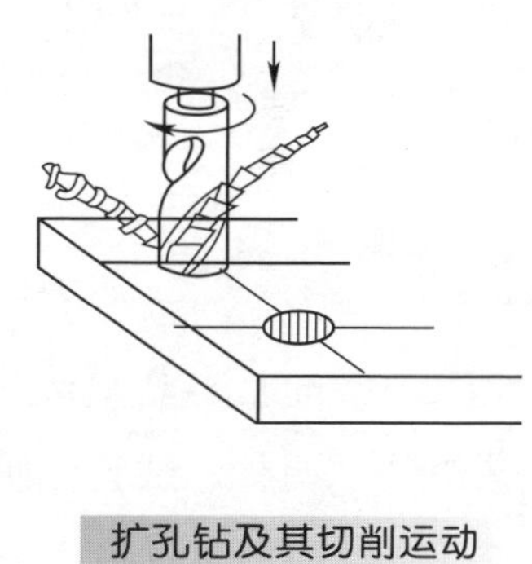

扩孔钻及其切削运动

4.6 攻丝

攻丝采用丝锥对孔进行螺纹加工。攻丝前需要钻底孔，否则会使丝锥受到挤压而发生崩刃、折断等现象。钻削底孔并对孔口进行倒角；然后用头锥攻螺纹；最后，用二锥精修螺纹。

（1）丝锥。

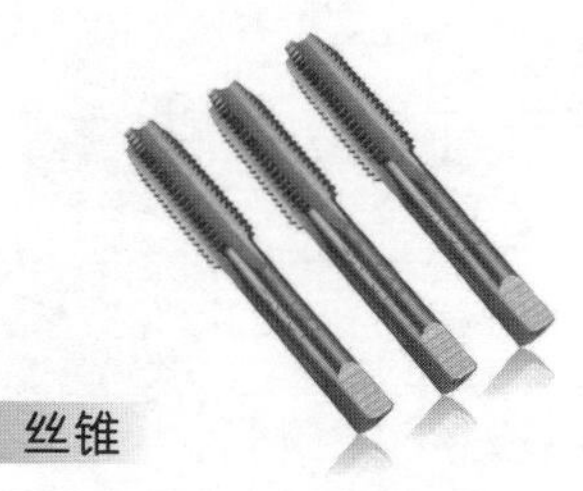

丝锥

（2）套扣。用板牙加工螺纹的方法俗称套螺纹。

板牙

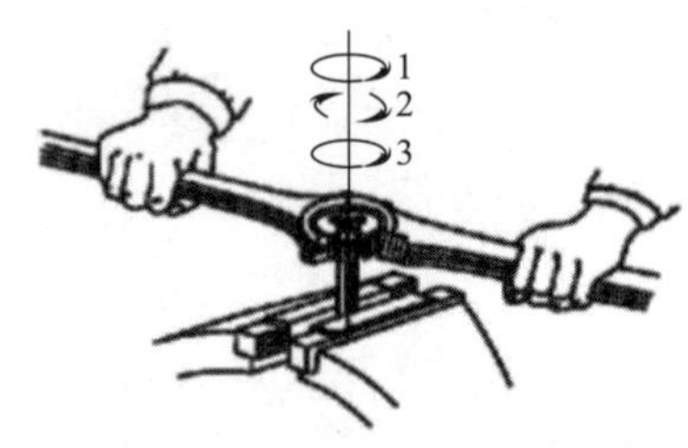

4.7 钳工装配

（1）装配是产品制造环节中的最后过程，对若干零件按装配工艺组装、调整、试验，使之成为合格产品的过程。

（2）装配的组合形式。

装配的组合形式有组件装配、部件装配和总装配等构成。

（3）装配的一般步骤。

1）熟悉图纸及设计要求，了解产品结构，作用及互相关联关系。

2）准备所用的工具，确定装配方法。

3）对装配的零件去污，清理。

4）组件装配，部件装配 ，总装配。

5）调整，检验，试车。

6）油漆，涂油，装箱。

（4）组件装配举例。

1）普通平键连接。

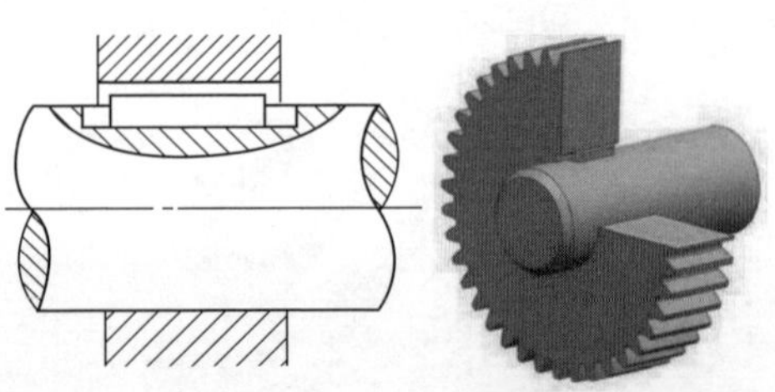

2）滚动轴承装配。

滚动轴承一般由外圈，内圈，滚动体，保持架组成。

3）螺及连接。

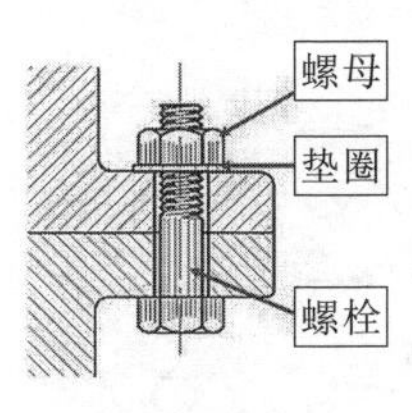

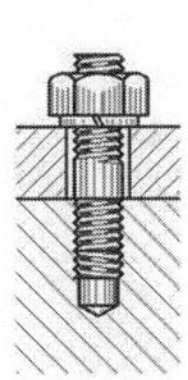

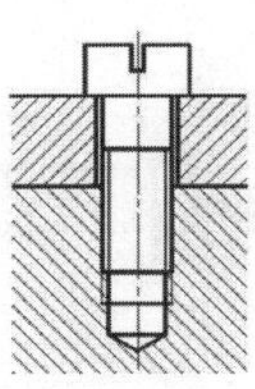

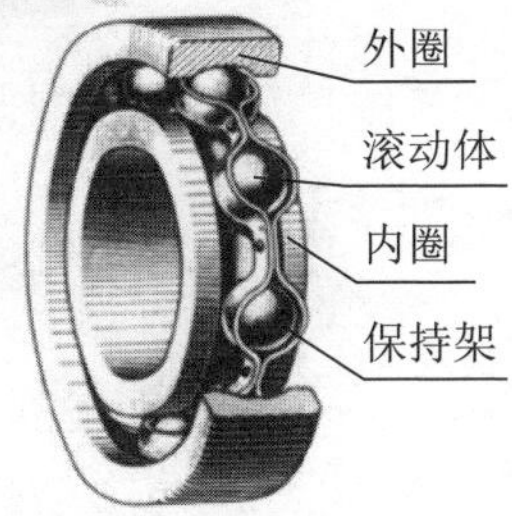

安装工艺包括总装配、各种装联、调试、检验和包装等，这些工艺都有它们的特定操作过程，所以产品安装应是正确运用各种工艺，并有一个合理顺序的过程。

4）销钉的装配。

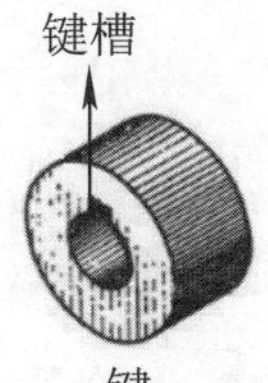

键

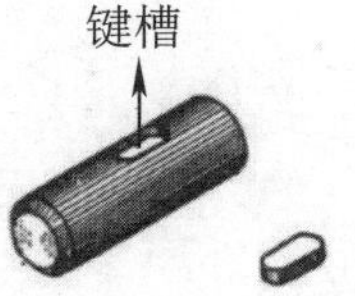

轴　平键

平键连接

弹簧垫圈

止动垫圈

开口销

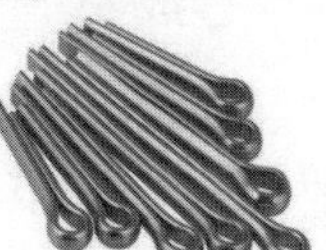

销钉

（5）注意事项。

1）内螺纹的配合应做到能用手自由旋入。

2）螺钉，螺母端面为防止松动可添加垫圈。

3）装配一组螺钉，螺母时，应该按照顺序拧紧。

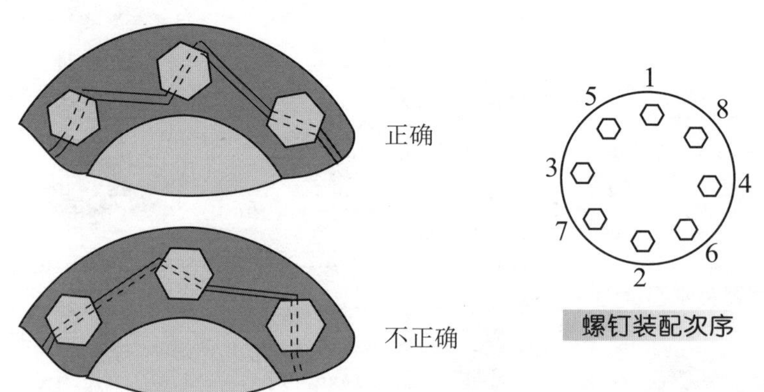

螺钉装配次序

4.8　机械的拆卸及修理

（1）机械拆卸前，要熟悉图纸。

（2）拆卸要按照与装配相反的顺序进行，先内后外的顺序依次进行。

（3）拆卸时要记住每个零件原来的位置，注意保存微小零件。

（4）拆卸配合过紧的零件，要用专用工具，以免损伤零件。

（5）对于采用螺纹连接或锥度配合的零件，必须辨清方向。

（6）紧固件的防松装置，在拆卸后一般要更换，避免这些零件在装上使用时拆断而造成事故。

第5章 现代制造技术实习

5.1　现代制造技术概述

现代制造技术包括：

（1）超精密加工，微机械制造，特种加工。

（2）信息技术与机械制造相结合，其优点是通过程序控制整个机械制造，提高了产品质量。

5.2　先进制造技术简介

超薄金刚石镜面

金刚石镜面切割

精密，超精密镜面磨削

5.3　CAD、CAE、CAM技术简介

（1）CAD 技术简介。

1）CAD 技术。CAD 进行设计计算，分析及优化，将结果显示在计算机屏幕上，经人修改后打印成图。

2）CAD 特点。

A. 绘图速度快。

B. 图样格式统一。

C. 修改设计快。

D. 设计计算快。

E. 可预计产品的性能。

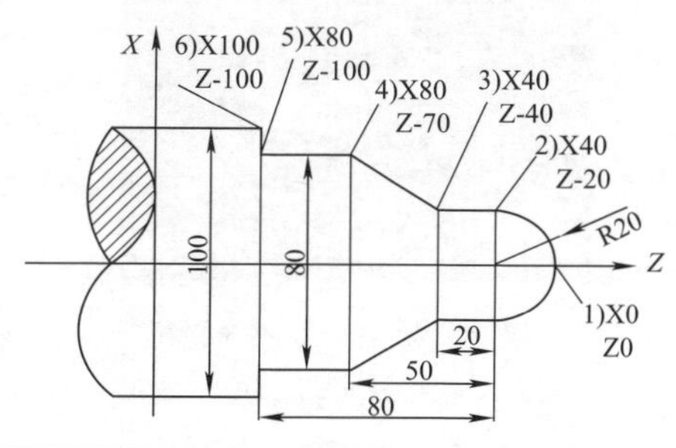

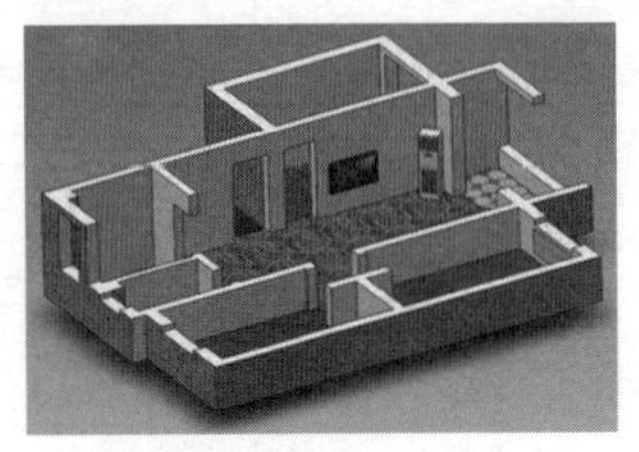
CAD 3D技术

3）CAD 预计发展。

A.CAD 技术的智能化。

B. 实体造型与仿真。

C.CAD 系统的集成化。

（2）CAE 技术简介。CAE 技术指在零件数字化建模完成之后运用有限元等数值分析方法，对其未来的工作状态和运行行为等进行分析，及时发现缺陷，优化结构并证实未来产品的可用性和可靠性。

CAE应力图

（3）CAM 技术简介。CAM 技术是通过与计算机的直接或间接联系管理和控制产品的生产制造过程，目前与 CAD 技术的图像编程是一种全新的编程方法。

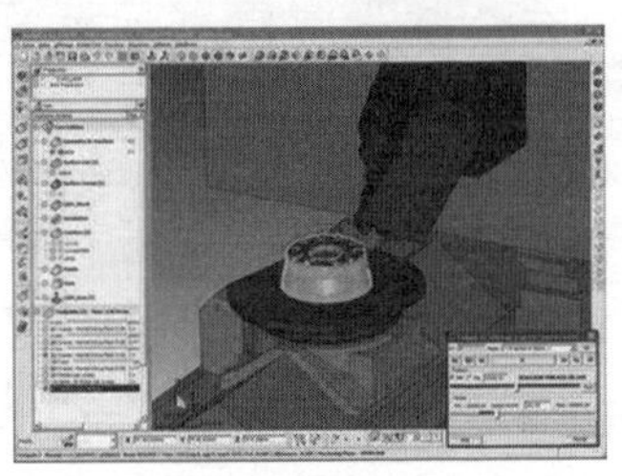

5.4 虚拟产品开发技术

虚拟现实技术特征：自主性，交互性，沉浸感。

虚拟现实技术运用多媒体计算机仿真成特殊环境，体验比现实世界更加丰富的感受。虚拟现实技术能使用户真实地看到环境且能让人感觉到这个环境的存在。

5.5 快速原型技术

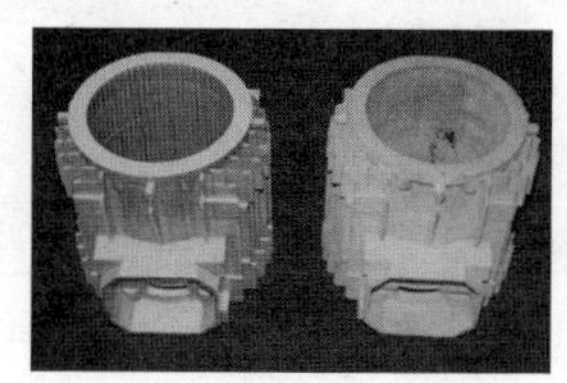

快速原型技术也叫生长型制造技术，在 CAD、CAM 的支持下，应用化学反应和固化液体材料相结合，快速制造所要求形状的零部件。

（1）快速原型技术 RPT 类型。

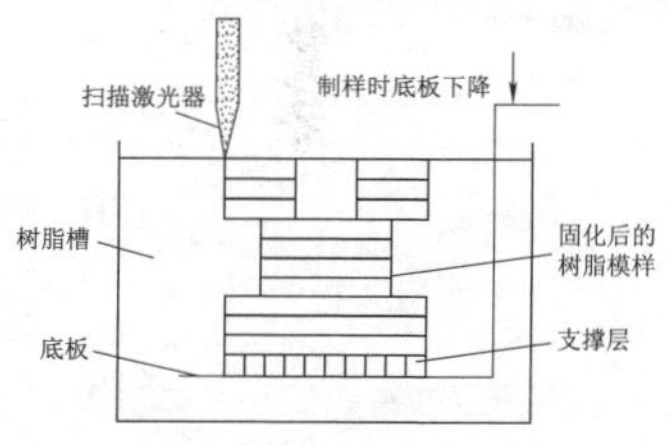

1）STL 工艺——立体平板印刷成型。原理为：STL 将零件三维图像数据转换成很薄的模样截面数据，在快速成型机上用紫外线激光束对液态光敏树脂扫描固化，形成模样的一个薄截面轮廓，层层叠加直到三维模样制成最后再打光，电镀，喷涂。

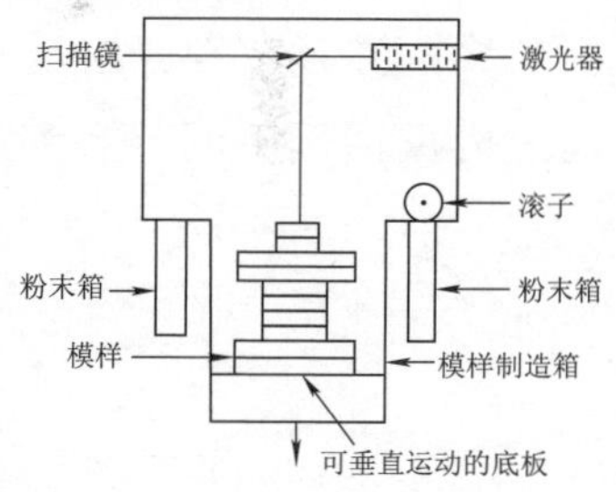

2）SLS 工艺——选择性烧结成型。在充满氮气的气体加工室中按 CAD 数据控制 CO_2 激光束对材料扫描熔化粉末烧结生成模样的截面形状，直到模样烧结完成。该工艺的发展方向是用金属粉末和陶瓷粉末直接制造工具，模具和铸造型壳。

（2）RPT 的应用及发展。

1）用 RPT 制造母模，生产金属或塑料产品。

2）制造新产品样品，对其形状及尺寸进行直观评估。

3）用 RPT 制造进行产品性能测试与分析。

4）在医学上的应用。

第6章

数控加工技术实习

6.1 数控机床概述

将零件加工过程中所需的操作采用数字代码输入计算机或数控系统，控制刀具与工件的相对运动，加工出合格零件的过程，称为数控加工。

（1）提高加工精度。

（2）提高生产效率。

（3）加工形状复杂的零件。

（4）减轻劳动强度。

（5）利于生产管理和机械加工自动化。

6.2 数控机床组成及分类

数控机床一般由控制介质，数控装置，伺服系统和机床组成，通过内反馈伺服调节达到消除系统误差的目标。

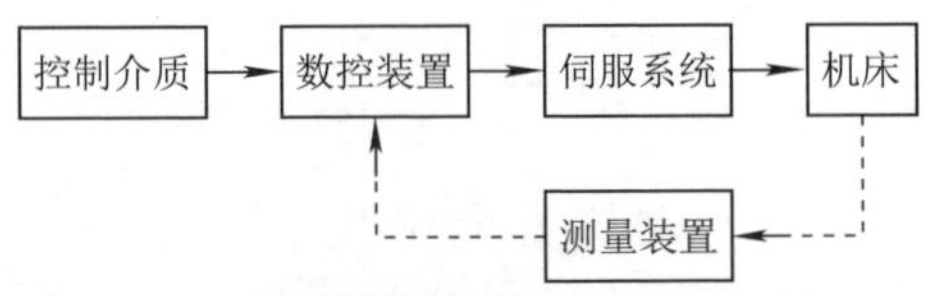

数控机床的分类

一般数控机床

数控机床加工中心

多坐标数控机床

6.3 常用数控机床简介

典型数控车床由主轴箱、刀架、进给传动系统等组成。可切削车内外圆柱面、圆锥面、端面、螺纹等回转体零件。

数控铣床通常是三坐标两轴联动的机床，可加工螺旋槽、叶片等零件。

数控车床

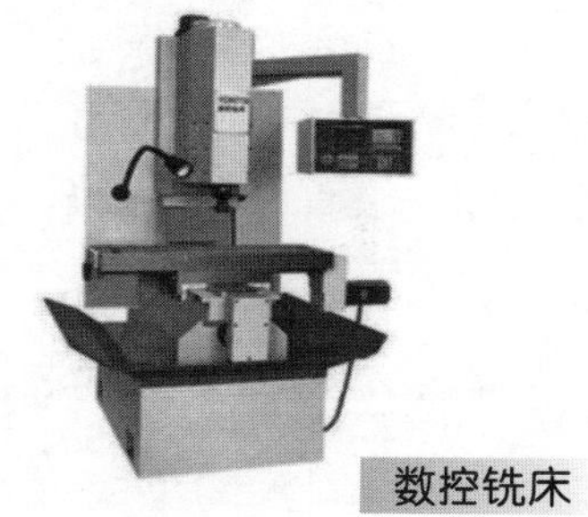

数控铣床

6.4 编程方法

（1）手工编程。

从零件图样分析、工艺处理、数值计算、编写程序单、键盘输入程序等步骤均由人完成，采用 ISO 标准代码编写。

（2）计算机辅助编程。

1）数控语言编程。

自动生成数控加工程序。但直观性差，方法复杂不易掌握且不便进行阶段性检查。

2）图形交互式编程。

利用 CAD 成图，编程效率高，程序合理，工艺性好，可靠性高。

安全小贴士：将零件装卡在夹具上，夹紧时可用接长套筒，禁止用榔头敲打。滑丝的卡爪不准使用。取下工具，放在定置区。

6.5 数控机床坐标系

（1）直线进给和圆周进给运动坐标系。

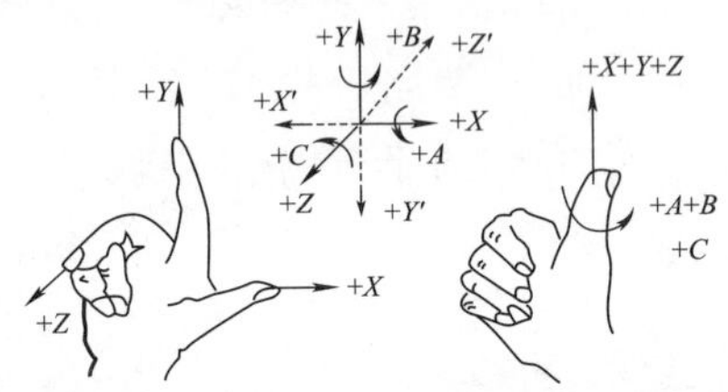

进给坐标系用 X，Y，Z 轴表示，由右手定则决定，是假定工件不动，刀具相对工件运动。若工件移动则用“′”表示与刀具运动正方向相反。

$+X=-X'$，$+Y=-Y'$，$+Z=-Z'$，

$+A=-A'$，$+B=-B'$，$+C=-C'$，

（2）机床坐标系与工件坐标系。

1）机床坐标系。

机床上固有的坐标系。可确定机床的运动方向和移动距离，工件在机床的位置，机床运动部件的特殊位置以及运动范围。数控机床采用标准笛卡尔直角坐标系。遵从右手法则；Z 轴与主轴方向一致；刀具远离工件的方向为坐标轴正向。

机床原点就是坐标系原点，在机床上是一个固定点，在正式加工前要使各个坐标轴回归到原点。建立坐标系只在开机时作一次，只要不关闭系统，机床坐标系始终有效。

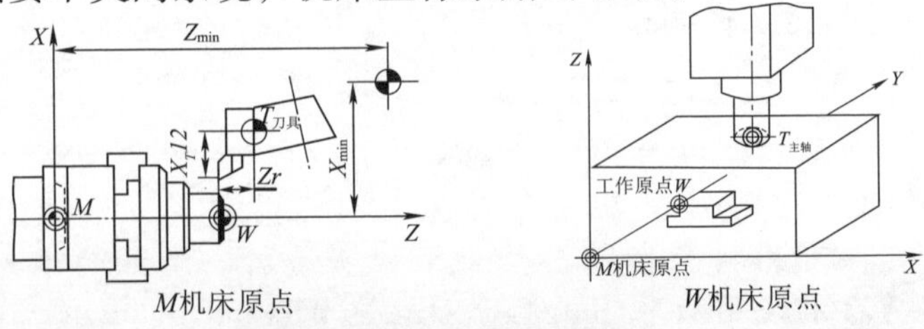

M机床原点　　W机床原点

机床原点与机床参考原点

2）工件坐标系和编程零点。

工件坐标系以工件设计尺寸建立坐标系，编程零点为人为采用零点，一般取工件坐标系原点。对于形状复杂的零件需编制几个程序或子程序。

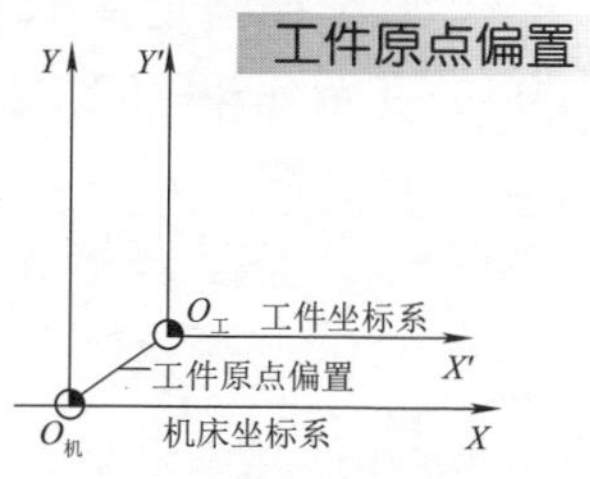

工件原点，机床原点及工件原点偏置的关系。

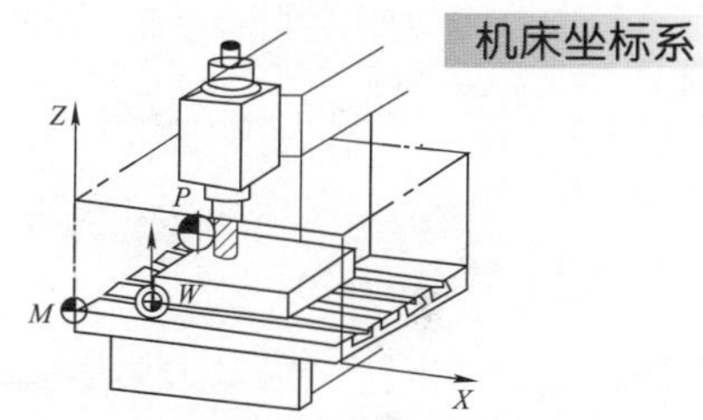

机床坐标系，*M* 为机床原点，*W* 为工件原点，*P* 为编程原点。

6.6 数控加工程序的组成

程序号常用字符“%”。“%0101”=“101”。程序段都以“N××”开头，用LF结束，M02作为整个程序结束的字符，结束部分LF在实际面板上不显示。

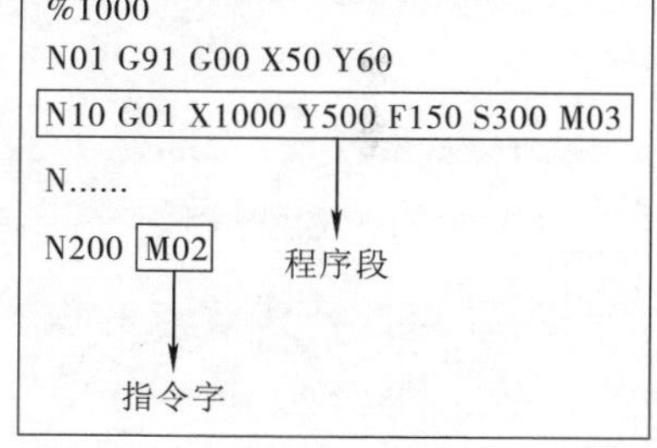

（1）程序段格式。

程序内容书写顺序如下表示，从左往右书写，地址符后应有相应的数字。

程序段号	准备功能	坐标尺寸或规格字			进给功能	主轴速度	刀具功能	辅助功能	程序段结束符
N_	**G××**	**X_Y_Z_ U_V_W_ P_Q_R A_B_C_ D_E_**	**I_J_ K_R_**	**K_ L_ P_ H_ F_**	**F_**	**S_**	**T_**	**M××**	**LF**

（2）主程序和子程序。

子程序可以反复调用，大大简化编程过程。

```
主程序：N01…LF
        N02…LF
        …
        N11 调用子程序指令（子程序1）
        …
        N31调用子程序指令（子程序2）
        …
        N_ _…    M02    LF

子程序1：N01…LF
        …
        N_ _…返回主程序指令LF
子程序2：N01…LF
        N_ _…返回主程序指令LF
```

M98 来调用子程序，M99 表示子程序结束并返回主程序。

6.7 数控加工常用的功能指令及代码

G 指令为准备功能指令用来规定刀具和工件相对运动的插补方式等。

（1）G 指令。（部分）从 G00 到 G99 共有 100 种代码。

1）绝对坐标与相对坐标指令 G90，G91。

由 *A* 点插补到 *C* 点的程序。

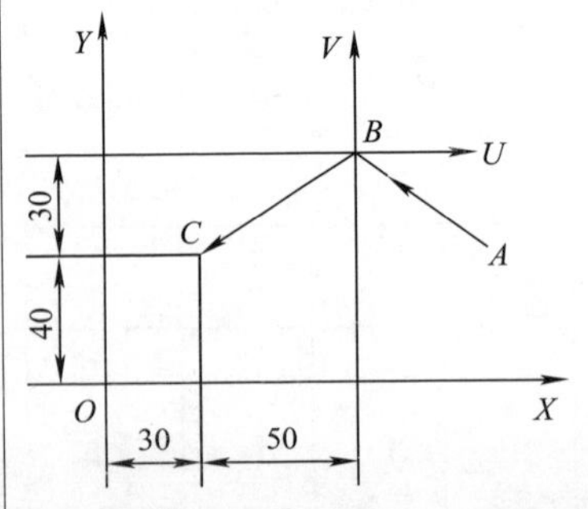

绝对坐标

```
…
G90
…
G01  X50  Y70  F80  X30  Y40
…
```

相对坐标

```
…
G91
…
G01  X50  Y90  F80  X-50  Y-30
…
```

AB 和 *BC* 表示两个直线插补程序段运动方向。

2）坐标系设定指令 G92、X20.0、Z30.0。

G92 设定机床坐标系与工件坐标系的关系，确定工件的绝对坐标原点如下图则可设定程序为 G92、X20.0、Z30.0。

3）平面指令　G17、G18、G19。

笛卡尔直角坐标系三个互相垂直的轴（*X*，*Y*，*Z*）轴构成三个平面（*XY*，*XZ*，*YZ*），数控机床总在 *XZ* 平面内运动无须设定。

G17 表示在 *XY* 平面内加工；G18 表示在 *XZ* 平面内加工；G19 表示在 *YZ* 平面内加工。

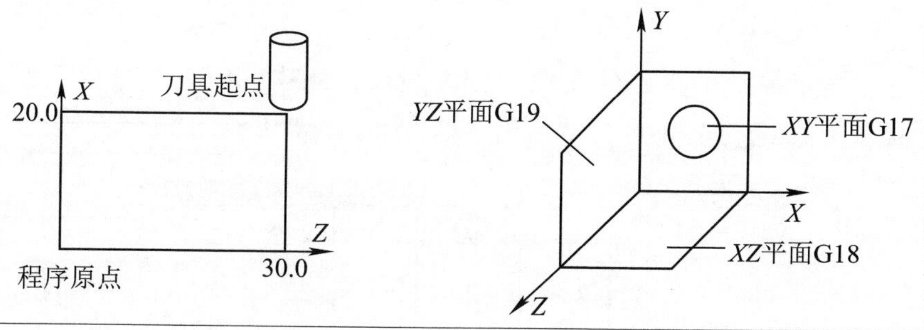

4）原点设置选择指令 G54~G59。工件原点相对机床原点的坐标值。

如图：要使刀具从当前点移动到 *A* 点，再从 *A* 点移动到 *B* 点，可以通过右侧程序实现：

%1000

NO1 G54 G00 G90 X40 Z30

NO2 G59

NO3 G00 X30 Z30

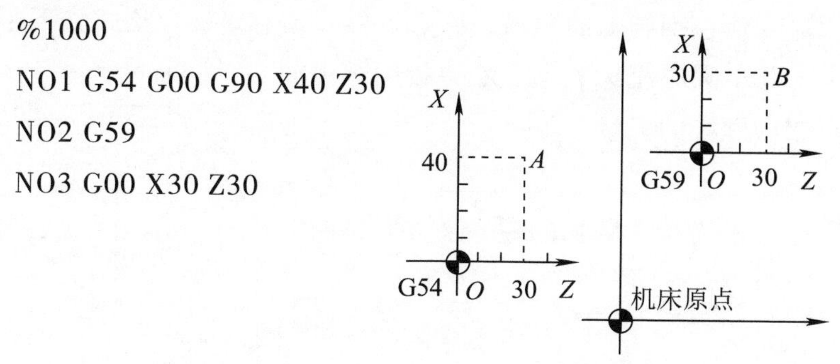

（2）与刀具运动方式有关的 G 指令。

1）快速点定位指令 G00。

G00 使刀具以最快速从当前点移动到指定点。

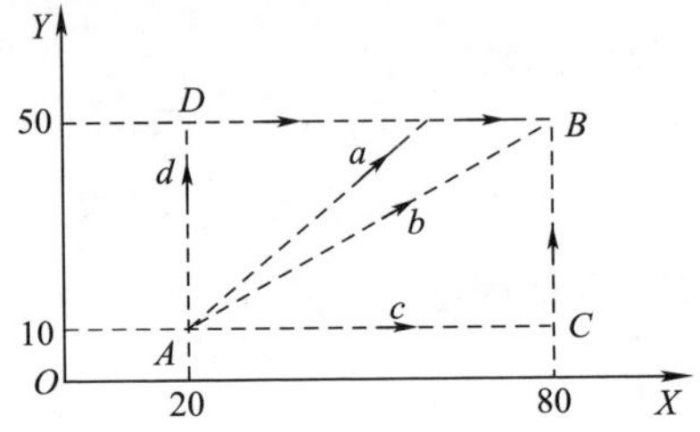

2）直线插补指令 G01。

用于插补加工出任意斜率的直线段，图中，G01 指令可让刀具从 *P* 点运动至 *A* 点，然后沿 *AB*、*BO*、*OA* 切削。

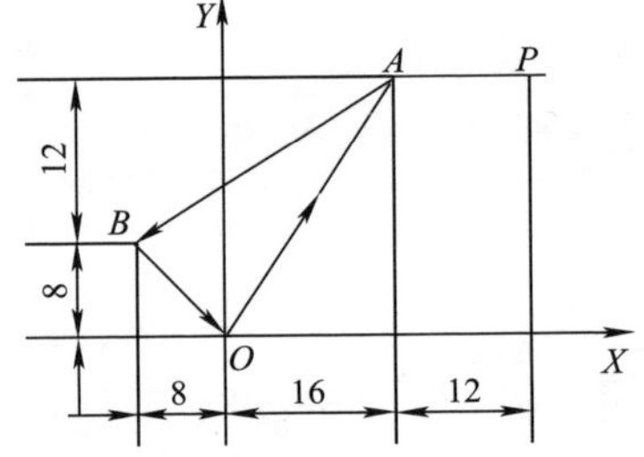

3）圆弧插补指令 G02、G03。

G02、G03 分别用于顺时针和逆时针的圆弧加工，圆弧插补程序中应包括圆弧的顺弧，终点坐标及圆心坐标。格式如下：

其中圆心坐标 *I*，*J*，*K* 一般用圆弧起点指向圆心的矢量 *X*。

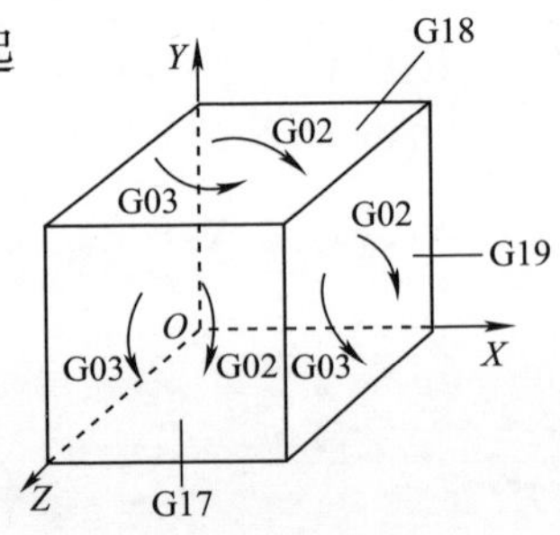

圆弧的顺，逆方向判断。

$$\begin{Bmatrix} G17 \\ G18 \\ G19 \end{Bmatrix} \begin{Bmatrix} G02 \\ G03 \end{Bmatrix} X\_Y\_Z\_ \begin{Bmatrix} I\_J\_K\_ \\ R\_ \end{Bmatrix} F\_LF$$

（3）与刀具补偿有关的 G 指令。

1）刀具半径补偿指令 G41、G42、G40。

使用刀具补偿指令。此时只需按零件轮廓编程，而不需考虑刀具半径，大大简化了编程，且可留出加工余量。

G41 为左补刀指令，补偿在工件轮廓的左边顺着刀具前进方向看；G42 为右补刀指令；G40 为注销刀具补偿命令。

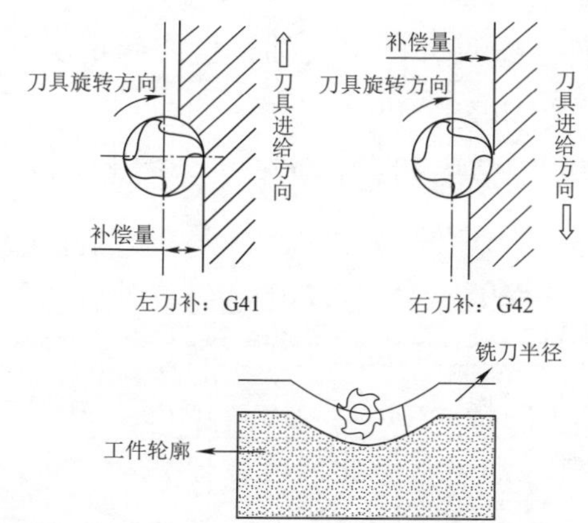

2）刀具长度补偿命令 G43、G44。

刀具长度不同或需进行刀具补偿时用该指令。可让刀具在 Z 方向上的实际位移量大或小于程序给定值。

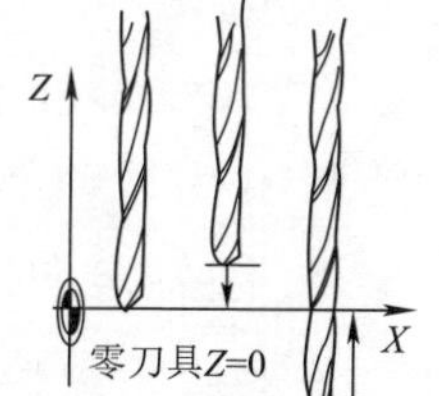

即：实际位移量 = 程序给定值 + 补偿值

G43 正偏置，即刀具在 +Z 方向进行补偿

G44 负偏置，即刀具在 –Z 方向进行补偿

3）暂停延迟指令 G04。

G04 可让刀具做到短时间的无给进运动，适用于车削环槽等平面加工。其编写格式为：

G04 β _ _LF

4）固定循环指令。常选用 G80~G89 作为固定循环指令。

（4）M 指令。

M 指令是辅助功能指令，控制机床或系统的命令。如开，停冷却泵，主轴正，反转，程序结束等。从 M00~M99。

1）程序停止命令 M00。

重按启动键可以继续执行后续操作。

2）计划（任选）停止命令 M01。

指令常用于工件关键尺寸的停机抽样检查等情况。

3）程序结束指令 M02、M30。

此指令可让主轴，进给及冷却全部停止。此时按“启动”键无效。

4）主轴有关指令 M03、M04、M05。

M03 表示主轴正转，M04 表示主轴反转，M05 为主轴停止。

5）与冷却液有关的指令 M07、M08、M09。

M07 为命令 2 号冷却液开或切屑收集器开；

M08 为命令 1 号冷却液（液状）开或切屑收集器开；

M09 为冷却液关闭。

6）换刀指令 M06。

M06 用于手动或自动换刀。

7）运动部件的夹紧和松开指令 M10、M11。

M10 为运动部件夹紧；M11 为运动部件松开。

8）主轴定向停止指令 M19。

主要用于数控坐标铣床，加工中心等。

（5）F、S、T 指令。

F 指令：进给速度指令。

S 指令：主轴转速指令。

T 指令：刀具指令。

6.8 数控机床的操作和使用

（1）CRT-MDI 面板由加工型数控车削系统 CRT 显示屏、MDI 键盘组成。

（2）操作界面。

1）CRT 显示屏。它主要用来显示各功能画面信息。在显示屏下方有一排功能软键，通过它们可在不同的功能画面之间切换，显示用户需要信息。

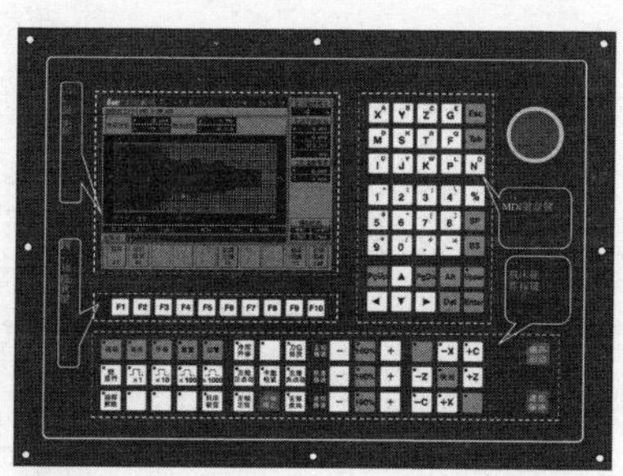

2）MDI 键盘。该键盘按键功能同计算机键盘按键功能一致，包括字母键、数字键、编辑键等。下面介绍部分按键功能。

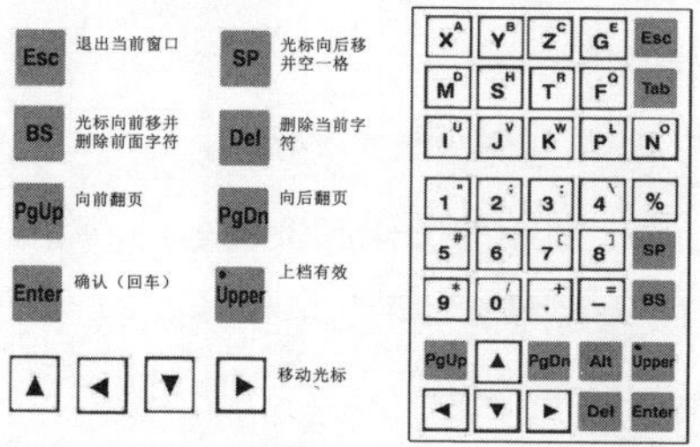

（3）回机床参考点和手动坐标。手动坐标——数控机床在对工件，刀具进行维护时，需手动操作来调整机床对坐标轴的相对位置。

（4）数控机场的对刀与刀具补偿。刀具不同时，补偿值也不一样。

6.9 常用数控机床的编程及应用实例

1）尺寸单位的选择。

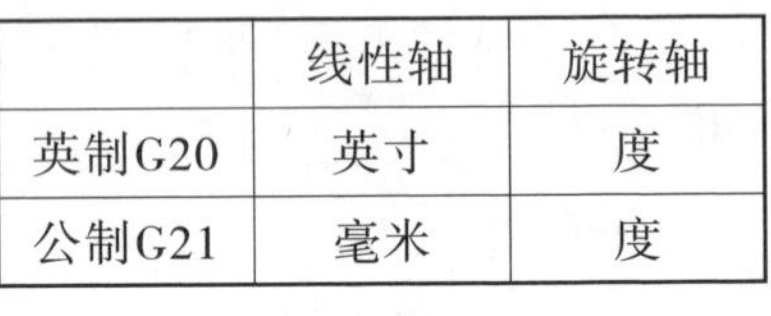

	线性轴	旋转轴
英制G20	英寸	度
公制G21	毫米	度

格式：G20

G21

说明：G20：英制输入制式

G21：公制输入制式

2）进给速度单位的设定。

3）线性进给及倒角 G01。

4）螺纹切削。

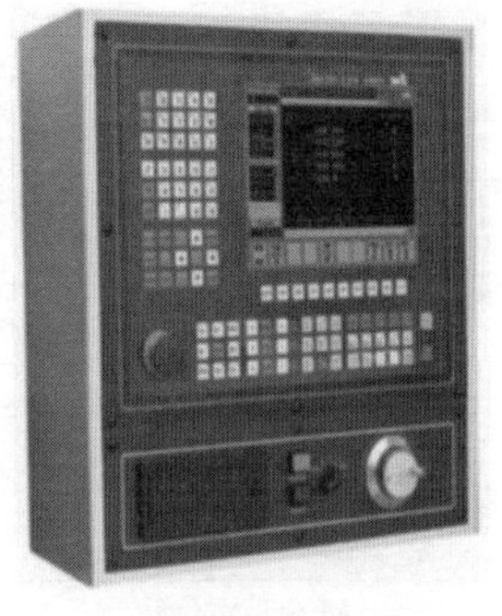

华中世纪星HNC——21T 车削数控装置

格式：G94[F]

G95[F]

说明：G94：每分钟进给

G95：每转进给

格式：G01 X_Z_F_

说明：X，Z：线性进给终点

F：合成进给速度

倒角：能在两相邻直线间插入倒角

输入 C_，便插入倒角程序段

输入 R_，便插入倒圆程序段

C 表示倒角离拐角的距离

R 后的值表示倒角圆弧的半径

格式：G32 X_Z_R _ E _P_F_

说明：X，Z 螺纹终点　　F：螺纹倒程

R，E：螺纹切削退尾量　　P：主轴转角

注意：G32 只能加工圆柱螺纹，锥螺纹和端面螺纹。

数控铣床（华中世纪星 HNM——21M）铣削数控常用编程指令。

（1）旋转变换 G68、G69。

格式：G17 G68 X_Y_ P_

G18 G68 X_ Z _P_

G19 G68 X_Y_Z _P_

M98 P_

G69

G68：建立旋转

G69：取消旋转

（2）缩放功能 G50、G51。

格式：G51 X_Y_Z _P_

M98 P_

G50

说明：G51：建立缩放

G50：取消缩放

（3）镜像功能 G24、G25。

格式：G24 X_Y_Z _A_

M98 P

G25 X_Y_Z_A_

说明：G24：建立镜像

G25：取消镜像

应用编程实例

（1）工件毛坯外圆直线轮廓加工。

（2）程序举例。

1）快速点定位 G00 指令。

格式：G00 X (U) _ Z (W)_；（X、Z 表示快进终点的绝对坐标。）

（U、W 表示快进终点的相对坐标。）

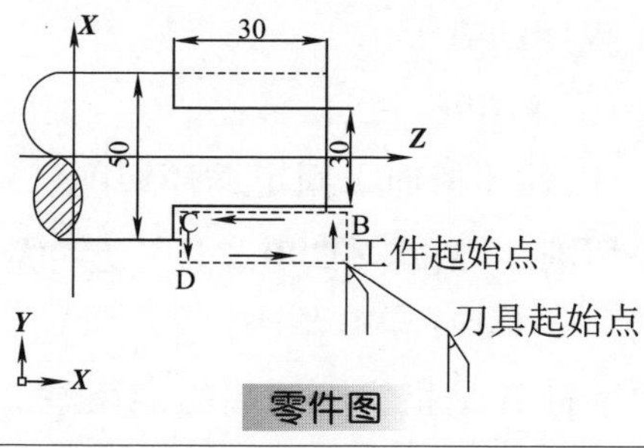

零件图

2）直线插补 G01 指令。

格式：G01 X (U) _ Z (W)_ ；（X、Z 表示快进终点的绝对坐标。）（U、W 表示快进终点的相对坐标。）

外圆直线轮廓加工：01001；　　(表示程序代号)

T0101；（T 表示调刀 0101 表示第一把刀和第一个刀补）

G00 X100 Z100；(快速定位到 O 点）

X52 Z2；　（快速定位到 A 点）

M03 S500；（M03 表示主轴正转，S 表示转数）

X48；　　（每次进给 2mm 向 B 点移动）

G01 Z-30 F0.2；(加工工件用 G01 插补，F 表示进给速度，加工至 C 点）

X52；　　（移动至 D 点）

G00 Z2；　（快速回到 A 点，完成一个循环）

X46；　　（再次进给 2mm）

……

……

直到　X30；

G01 Z-30；

X52；

G00 Z2；

X100 Z100；（加工完毕刀具回到 O 点）

M30；　　（程序结束）

我们也可以用指令 G90

功能：外径、内径（横向）固定循环切削。

1）直线圆柱切削　格式：G90 X (U)___Z (W)___F___；

2）圆锥切削　格式：G90 X (U)___Z (W)___R___ F___；（注：格式中的字符 R 是指锥度两端的半径差）

第7章

特种加工实习

7.1 特种加工

将电、磁、声、光、化学等能量，施加在工件的被加工部位，从而实现材料被去除、变形、改性或镀覆等功能的非传统加工方法，叫作特种加工。

特种加工特点如下：

（1）适应性强，加工范围广。

（2）多数特种加工不需工具，工具材料的硬度可低于工件材料的硬度。

（3）可在加工过程中实现能量转换或组合。

（4）可获得较低的表面粗糙度，尺寸稳定性好。

（5）两种及以上不同能量可相互组合成新复合加工。

7.2 电火花加工

利用脉冲放电局部瞬时产生的高温去除腐蚀金属的加工方法。

（1）电火花加工优缺点。

1）适合于难切割的材料。

2）可以加工许多特殊和复杂形状的零件。

3）便于实现自动化。

4）限于加工金属导电材料。

5）加工速度较慢。

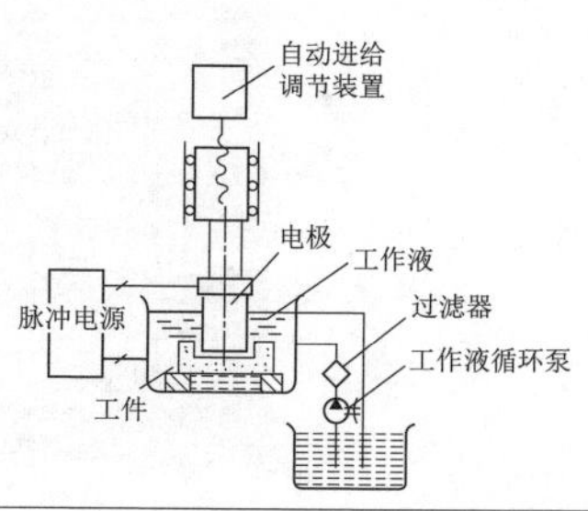

（2）工具电极。

1）电极常选用优质高碳钢。

2）电极设计除表面粗糙度及尺寸精度需满足要求，电极也可适当加长。

3）电极制造一般普通机械加工，再成型磨削。

（3）电极的设计和制造。

1）工件的准备。

电火花加工前，工件（凹模）型孔要加工预孔，并留适当电火花加工余量。单边余量为 0.3~1.5mm 为宜，形状复杂的型孔，余量要适当加大。

型腔模的电火花加工单电极平动

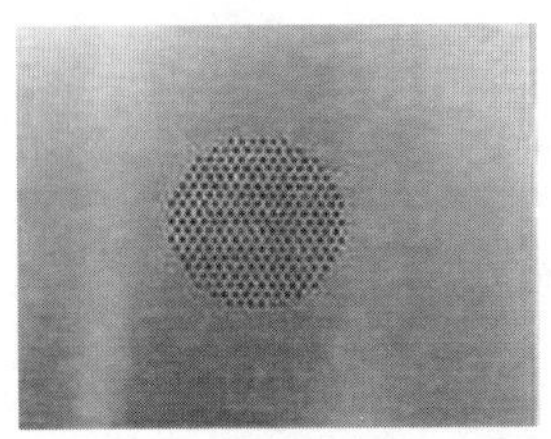

2）小孔电火花加工。

小孔加工特点：加工面积小，深度大，直径为 ϕ0.05~ϕ2mm，深径比达 20 ：1 以上，但小孔加工排屑困难。

3）异形小孔电火花加工。

7.3 电火花线切割加工

用线状电极靠火花放电对工件的切割，故称电火花线切割。

（1）基本原理。利用移动的细金属导线作为电极。对工件进行脉冲火花放电，切割成形。

电火花切割机床分为：①高速走丝电火花；②切割机床。

电火花切割原理

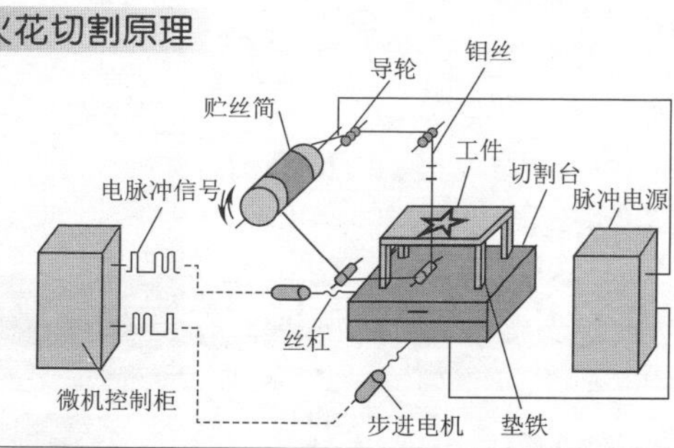

（2）电火花线切割加工的应用。

1）加工各种模具。

2）加工成形工件。

3）加工微细孔、槽、细缝等品种多数量少难加工微型零件。

4）各种稀有、贵重金属材料和难加工金属材料的加工和切割。

5）电火花切割加工方法适合加工各种直线组成的直纹曲面。

6）同时切割凸凹模。

电火花切割精美成品

（3）电火花切割加工设备。

工作液循环系统

机床

脉冲电源

7.4　其他特种加工

（1）激光加工。

利用透镜聚焦后光的高能量密度，靠光热效应来加工各种材料的方法。

1）基本原理。强度高能产生 10000℃以上高温，可在瞬间让不可分解材料熔化、蒸发、气化而达加工目的。

2）激光加工特点。

a. 激光加工不需要加工工具。

b. 激光的功率密度高。

c. 可透过惰性气体对工件加工。

d. 易于导向、聚焦和发散。

e. 激光对人体有害，需采取防护措施。

激光束打孔

3）激光加工工艺及应用。

a. 激光束打孔。

b. 激光束切割。

c. 激光束焊接。

d. 激光强化。

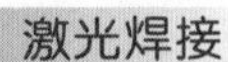

激光焊接

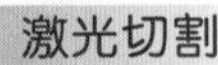

激光切割

（2）电子束加工。

1）基本原理。真空条件下，利用电流加热阴极发射电子束，电子束通过电磁透镜聚焦让能量密度高度集中而获得很高能量密度。

2）电子束加工特点。价格昂贵；不产生宏观应力和变形；生产效率高；真空进行加工，污染小。

3）电子束加工应用。高速打孔；加工型孔；加工特殊表面；刻蚀；焊接；热处理。

4）电子束加工装置。电子枪；真空系统；控制系统和电源。

（3）超声加工。

1）基本原理。超声加工是磨粒的撞击作用。越脆硬的材料，越易超声加工。

2）超声加工的特点。适合加工脆硬且不导电的非金属；操作维修方便；工件表面切削力，切削热及引起变形和烧伤小，表面粗糙度好。

3）超声加工的应用。成形加工；切割加工；焊接加工；超声清洗。

（4）电解加工。

电解加工是利用电化学阳极溶解的原理除去工件材料，利用电化学阴极沉积的原理对工件进行涂覆加工。

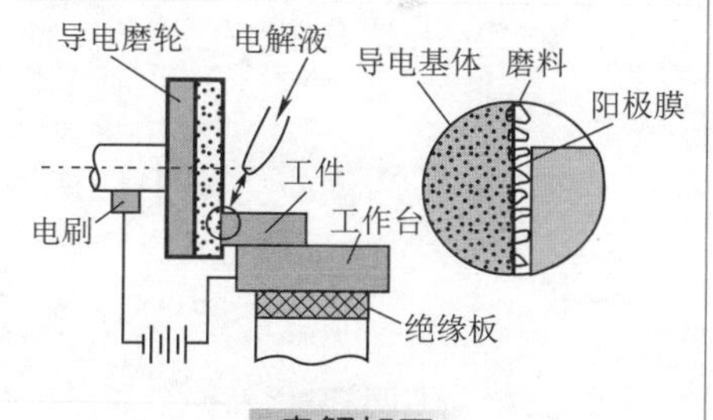

电解加工

电解加工主要包括电铸、电镀、电化学抛光、电极磨削等加工方法。其主要应用于表面加工。

电解加工具有加工效率高的优点同时也同样对技术有更高的要求，并且电解液回收困难，所以应用范围较小。

第8章

金属焊接加工

焊接通过加热或加压形成原子间结合实现永久连接的一种方式。

熔化焊

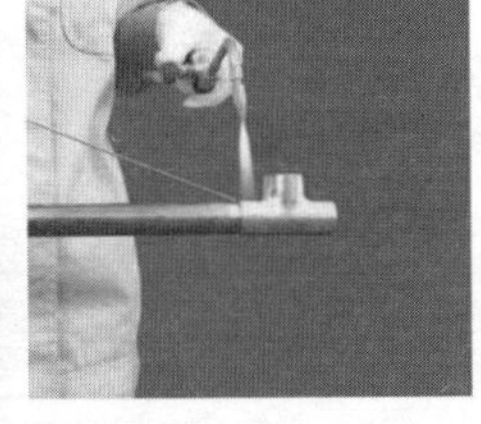

钎焊

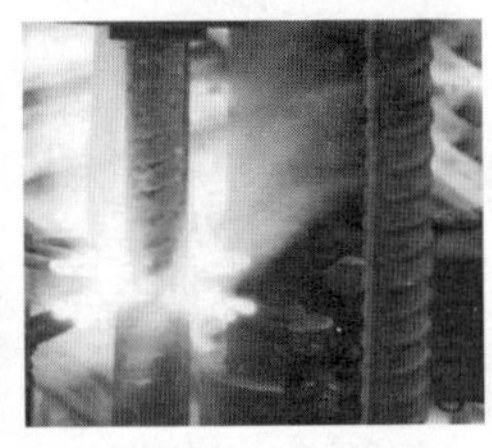

压力焊

8.1 焊接优缺点

（1）连接性能好。

（2）焊接结构刚度大，整体性好。

（3）焊接方法种类多，焊接工艺适应性广。

（4）容易造成接头部位材性改变，影响结构件质量。

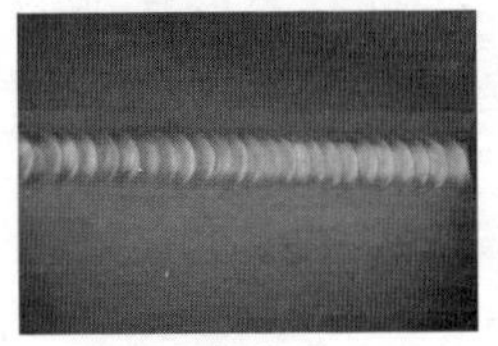

焊缝

（5）容易产生应力集中，造成结构承载能力降低。

8.2 手工电弧焊

电弧作热源用手工操作焊条进行的电弧焊叫手工电弧焊。

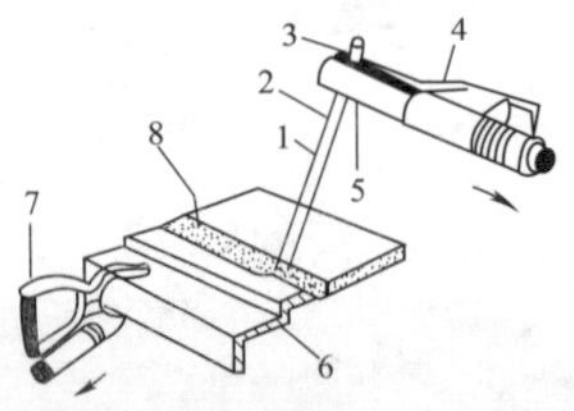

1—焊条；2—药皮；3—焊条夹持端；4—绝缘手把；
5—焊钳；6—焊件；7—地线夹头；8—焊缝

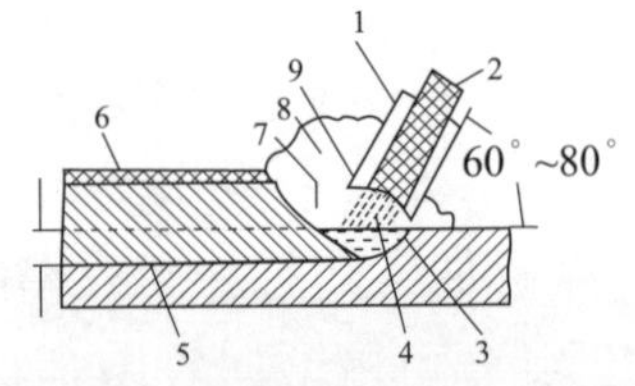

1—药皮；2—焊芯；3—焊缝弧坑；4—电弧；5—热影响区；
6—熔渣；7—溶池；8—保护气体；9—焊条端部喇叭口

焊接电弧

电焊机

焊芯（熔化电极）

手工电弧焊

8.3 焊条的型号及牌号

酸性焊条 E4303 为例，E4303 是国家标准型号，E 是电焊条，43 表示抗拉强度不低于 430MPa，0 表示适合全位置焊接，3 表示钛钙型药皮。J422 为牌号，J 表示结构钢焊条，42 表示抗拉强度，2 表示钛钙型药皮，交直流两用。

电焊条的分类

焊条类型	牌号符号	焊条类型	牌号符号
结构钢焊条	J（结）	铸铁焊条	Z（铸）
耐热钢焊条	R（热）	镍及镍合金焊条	Ni（镍）
低温钢焊条	W（温）	铜及铜合金焊条	T（铜）
不锈钢焊条	G（铬） A（奥）	铝及铝合金焊条	L（铝）
堆焊焊条	D（堆）	特殊用途焊条	TS（特）

8.4　焊接形式和坡口

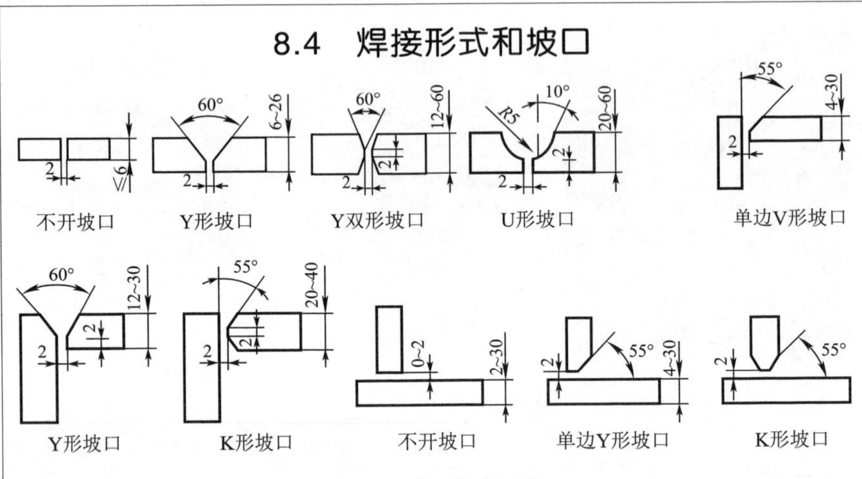

8.5　焊接位置

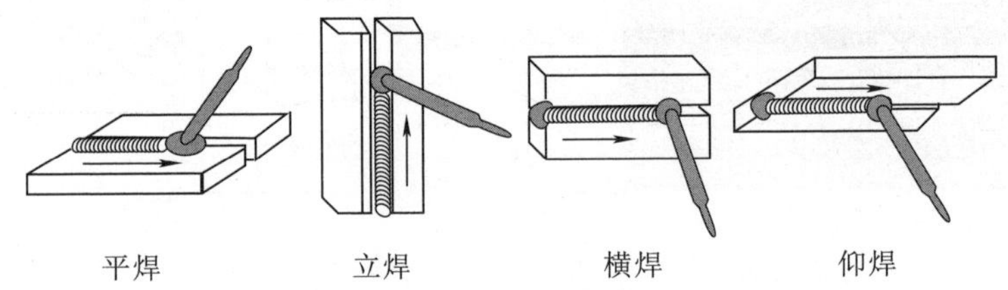

8.6　焊接工艺参数

（1）焊条直径。立焊、横焊、仰焊选用细焊条，多层焊底层选用小直径焊条保证焊透。中间覆盖层可用大直径焊条提高效率。

（2）焊接电流。可用经验公式I=（30~50）×D来确定，I为电流、D为直径。

8.7　焊接操作

（1）引弧。将焊条在焊件上轻敲，迅速将焊条提起2~4mm，电弧即被引燃。

（2）堆平焊波。在平焊位置和焊板焊件上堆焊操作。焊接收尾时，要先填满弧坑后，再熄弧。

8.8　气焊

利用可燃和助燃气体混合燃烧产生高温作为热源的焊接方法。最常用的气焊为氧乙炔焊接。气焊易于控制、操作灵活，适合野外工作。

（1）气焊设备：喷射式焊炬。

（2）气焊火焰及适用性。气焊火焰由焰芯、内焰、外焰组成。

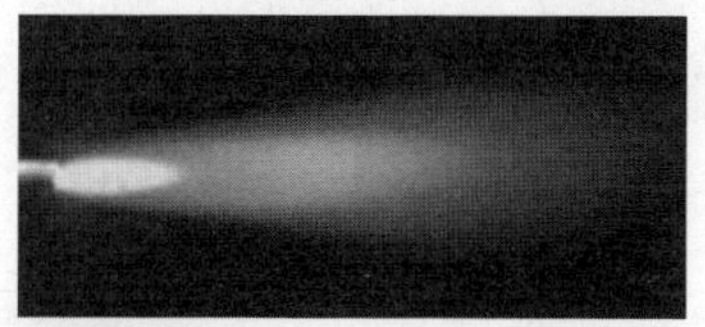

中性焰

碳化焰

氧化焰

焊炬调整火焰。

（3）焊丝与焊剂。

作为填充金属常用牌号为H08等。

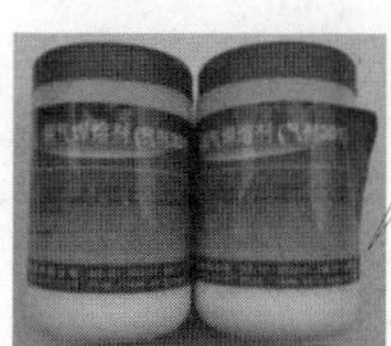

助溶剂保护熔池金属增加流动性。

8.9 其他焊接方法

（1）埋弧自动焊。用机械自动引燃电弧控制完成焊丝送进的电弧焊方法。

埋弧自动焊小车

氩弧焊

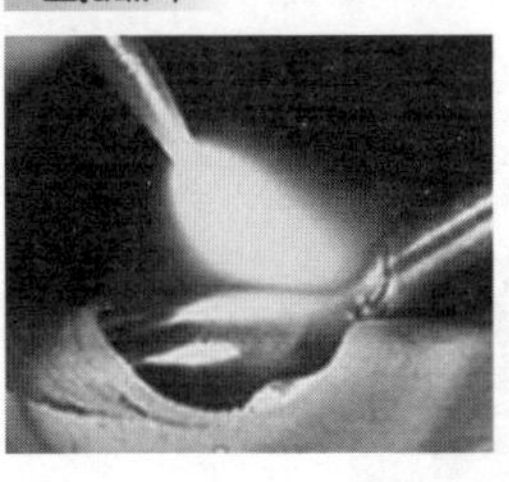

电阻焊

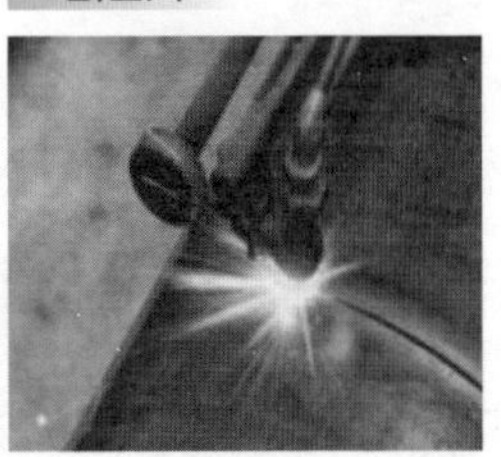

（2）气体保护焊（焊丝作为电极，外加气体作电弧介质的电弧焊叫气体保护焊）。CO_2 焊成本低、生产率高、变形小、操作灵活，广泛适用于各类钢结构构件。氩气作为保护气的电弧焊。其焊接时电弧稳定，焊接质量高一般用于有色金属和重要的结构。

8.10 焊接质量分析

（1）焊接变形（焊接时，工件局部受热不均匀，导致材料的不均匀的膨胀和收缩，焊件产生应力导致变形）。

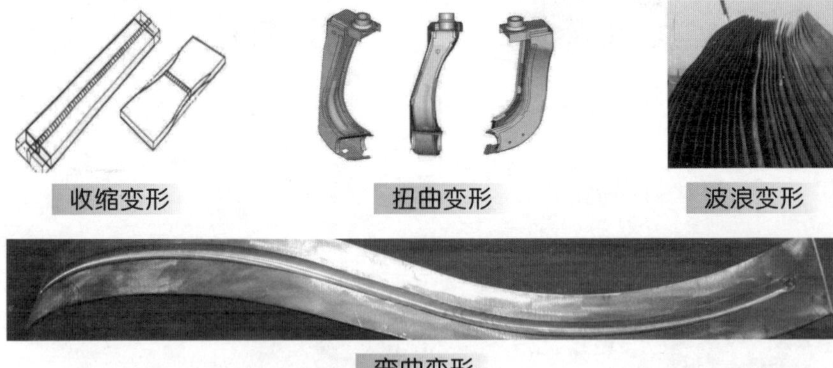

弯曲变形

对已产生变形的构件，可以采取机械矫正和火焰矫正两种。

（2）焊接缺陷。焊接时因工艺不合理或操作不当，会在焊接接头处产生缺陷。

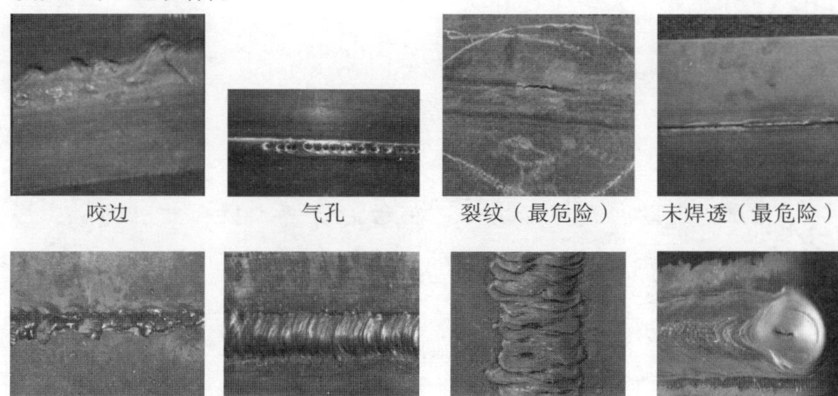

咬边　　气孔　　裂纹（最危险）　　未焊透（最危险）

焊瘤　　搭叠　　蛇形焊道　　纵向裂纹（最危险）

（3）焊接检验。

1）外观检验。肉眼观察是否存在缺陷以及外观是否合格。

2）致密性检查。检查密封的容器或管道。

3）无损检验。采用超声波探伤或 X 射线拍照，检查焊缝内部是否有缺陷。

8.11　先进焊接工艺

先进焊接工艺主要有以下几点：

（1）新能源研究开发和工程对新材料新结构的需求，新焊接工艺不断出现。

（2）重要焊接结构对焊接质量及生产率的要求逐渐提高。

（3）节材、节能的要求，节能焊机有了长足发展。

（4）运用计算机的焊接过程。

等离子弧焊

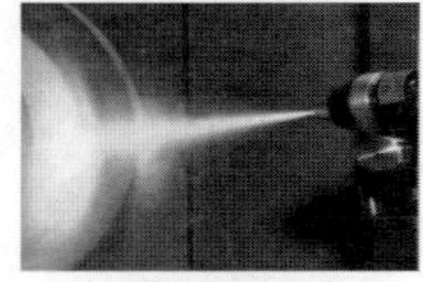

电子束焊

激光焊

第9章

非金属材料加工

9.1 非金属材料加工

随着经济发展和技术进步，工程设计要求材料有高强度、质量轻、耐腐蚀、耐高低温有弹性的材料，因此非金属材料受到重视。

9.2 塑料成形

塑料制品生产过程为：成形加工→机械加工→修饰→装配。

（1）注射成形。熔化的塑料高压注入温度低的闭合模具内腔，经保压冷却定形后，打开模具取出塑制品。注射成形生产效率高，产品品质好，容易实现自动化，加工适应性强。

（2）挤出成形。颗粒状塑料熔融在旋转推力作用下经机头口模与截面相连，冷却后形成塑料型材。挤出成型生产过程连续、高效，生产工艺范围广。

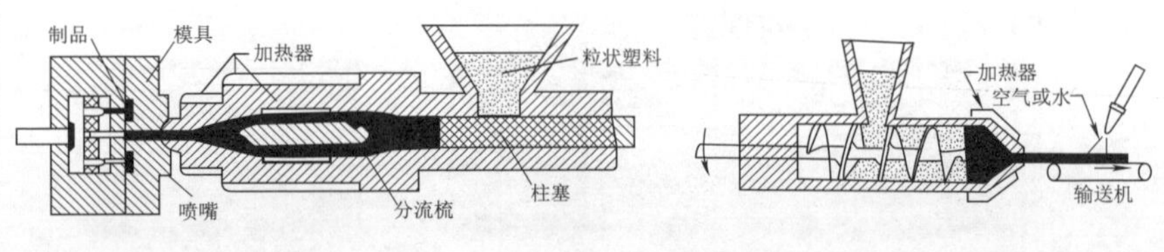

（3）压缩成形。通过加压熔融塑料颗粒，生产塑料构件。

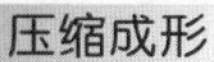

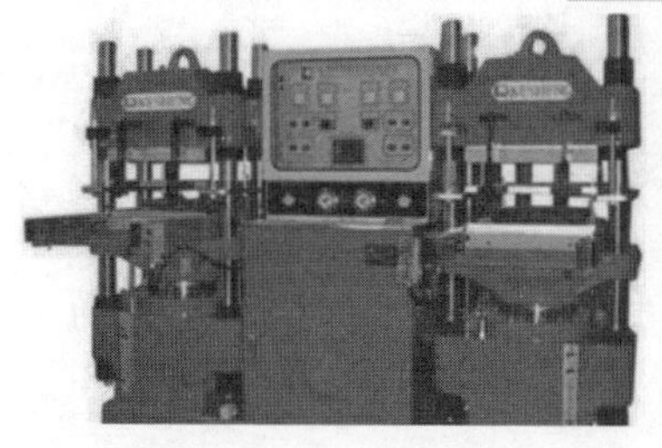

（4）吹塑成形。吹塑成形适用于热塑性材料的成形。塑料熔化后放入开式模中并压缩进空气冷却后既可得到中空塑料制品。

9.3　橡胶制品成形

橡胶制品成形流程为：生胶塑炼→ 橡胶混炼→模压处理→硫化处理。

附录

金工实习报告（样本）

专业/班级：

姓　　名：

学　　号：

指导教师：

报告日期：　　　年　　月　　日

实习报告提交说明

实习报告是完成金工实习工作的终极考核任务，应根据掌握的知识、技能及实训经验认真完成，并采用A4纸手写独立完成。禁止抄袭、剽窃拷贝，否则按实践环节不通过处理。

实习报告由四部分构成，请参照附录样本的格式组织完成整体结构见下图。请在规定时间内上交。

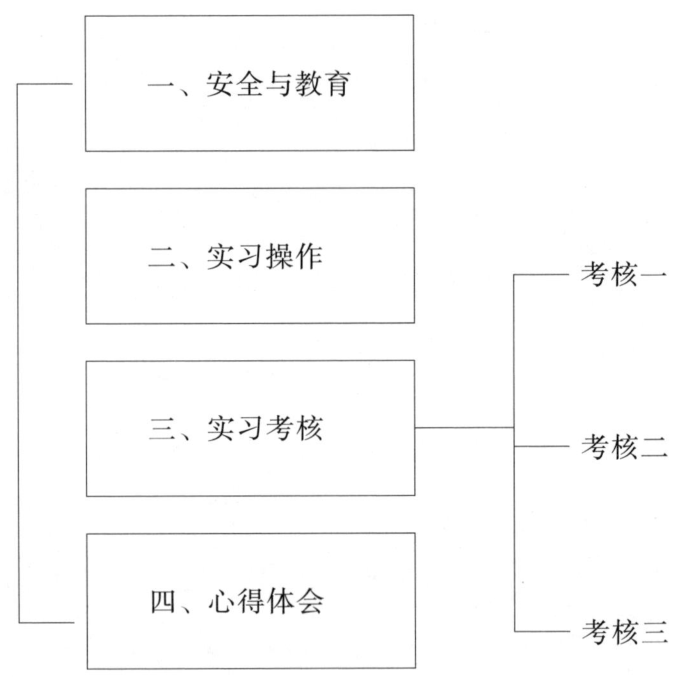

一、安全与教育

（要求：不少于500字，安全教育内容）

二、实习操作

（要求：分类别写出实习操作的经验与过程记录，幅面不够另加）

（1）钳工；（2）普车；（3）数铣；（4）铸造；（5）特种加工；（6）其他。

三、实习考核

实习考核由“考核一”“考核二”与“考核三”三部分构成，请结合相关要求完成相应定向考核任务。

（一）考核一

要求：按学号的尾数，在报告纸上选择对应题进行考核。

学号 xxxA　完成：第 A、第 1A、第 2A、第 3A 题；

学号 xxx0　完成：第 10、第 20、第 30、第 40 题。

1. 机加工中常见的冷加工、热加工，通常指的是什么？

2. 金属材料中，黑色、有色金属指什么？钢和铁有什么不同？钢材中普通、优质、高级优质碳素钢之 间有什么不同？什么叫合金钢，有哪些？低碳、中碳、高碳钢，在焊接施焊过程有什么现象，为什么？

3. 我国钢牌号有哪些？ Q-255-AF、45#、50Mn、10b、T8Mn、Dw470G、1CR18Ni9Ti、18Mn 是什么钢材？

4. 铸造加工，有什么特点？铸造砂的成分有哪些、配比一般是多少？

5. 铸造砂型浇注位置有什么原则？拔模、浇注、结构形状、热处理有哪些工艺要求？

6. 焊接热加工，工作原理是什么？其工作电压是高压吗？

7. 什么是正接和反接？说明其用途。

8. 焊条药皮、药芯如何保护电弧焊？说明焊条代号 E5015，J422，J507 中各符号表示什么。

9. 常见焊接变形有哪几种？

10. 什么是切削加工？分为哪两类？依据什么对切削加工进行分类？

11. 试分析车、钻、铣、刨、磨几种常用加工方法的主运动和进给运动，并分析的运动件（工件或刀具）及运动形式（转动或移动）。铣、刨、车、磨等加工，工作原理和加工特点都有哪些？有哪些异同？

12. 什么是切削用量三要素？试用简图表示刨削平面和钻孔的切削用量三要素？

13. 普通外圆车刀切削部分由哪些元素构成？

14. 普通外圆车刀切削部分有哪几个主要角度，是如何测量的，它们的取值范围如何？

15. 刀具材料应具备哪些性能？常用的刀具材料有哪几种？

16. 常用的量具有哪几种？试合理选择下列零件表面尺寸的量具。

1）锻件外圆 $\phi 100$；

2）铸件铸出孔 $\phi 80$；

3）车削后轴外圆 $\phi 50 \pm 0.2$；

4）磨削后轴件外圆 $\phi 30 \pm 0.03$；

17. 游标卡尺和百分尺测量准确度是多少？怎样正确使用？能否测量铸件毛坯？

18. 车削加工主要用于加工哪些表面？加工不同的表面各用什么刀具？

19. 车床的主要组成部分是哪些？它们各有什么功用？车床主轴的转速是否就是切削速度？

20. 什么样的工件适宜用顶尖安装？为什么要在工件上加工中心孔？

21. 什么是钻孔？什么是镗孔？它们各有什么工艺特点？

22. 车削圆锥面的方法有哪些？各有什么特点和用途？

23. 刨削加工主要用于加工哪些表面？加工质量和切削效率如何？

24. 刨削平面、斜面和沟槽时在工艺上有什么不同？

25. 铣削加工能加工哪些表面的？加工质量和切削效率如

何？常见铣刀有哪些，主要用于什么加工？

26. 如何铣削台阶面？详细列出所加工实习件的工艺内容。

27. 磨削适宜加工哪些工件？磨削加工的精度和表面粗糙度 *Ra* 值可达多少？

28. 钳工划线的作用是什么？什么叫划线基准？如何选择划线基准？

29. 怎样选择锯条？起锯时和锯切时的操作要领是什么？

30. 怎样选择粗、细锉刀？平面锉削有哪几种方法？各适用于何种场合？

31. 如何检验锉后工作的平面度和垂直度？

32. 如何确定攻丝前底孔的直径和深度？对脆性材料和塑性材料，为何应用不同的经验公式？

33. 攻丝和套扣时，为什么要经常反转？

34. 简述 CAM 的特点。图形交互式自动编程的含义是什么？

35. 数控机床主要由哪几部分组成？各部分的基本功能是什么？

36. 常用的数控机床有哪几类？它们分别应用于哪类零件的加工？大致工作过程是怎样的？

37. 数控编程方法有几种？在什么情况下需要借助计算机辅助编程？

38. 何为刀具半径补偿？何为刀具长度补偿？

39. 确定机床坐标系有哪些原则？确定的一般方法是什么？

40. 什么叫机床原点？什么叫工件原点？它们之间有何关系？

（二）考核二

要求：学号尾号 0 ～ 4 号完成第 41 到 44 题；5 ～ 9 号完成第 44 到 47 题。

41. 程序段格式有哪些？什么是准备功能指令和辅助功能指

令？它们的作用如何？

42. M00、M02、M30 的区别是什么？剪裁下教材中数控机床。

43. 为什么在编程时要先确定对刀点的位置？选定对刀点的原则是什么？确定对刀点的方法有哪些？

44. 根据实习所学知识，从所用机床、所用刃具特点、加工范围、加工精度、切削实质四个方面，列表比较车削、刨削、磨削、铣削、锉削五种机械加工方法。

45. 典型的浇注系统由哪四部分组成？各有何作用？

46. 结合实习所学，论述现代加工方式和传统加工方式的各自特点和联系。

47. 写出图示工件在数控铣床加工的加工程序。（以绝对坐标形式编程）。

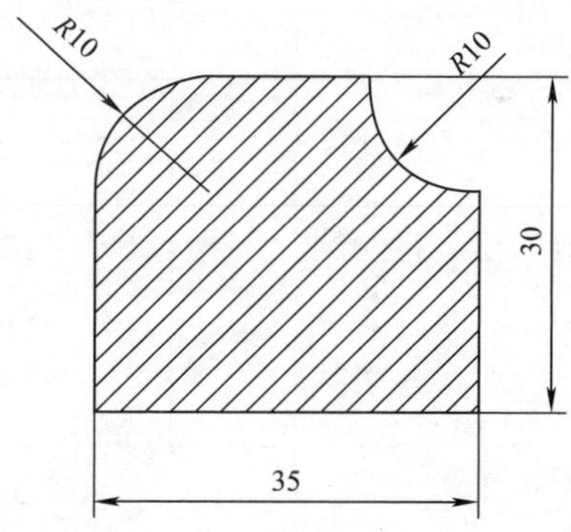

（三）交互贴图任务

找到相应图片并贴到“交互贴图任务区”

学号尾位									
xxx1	xxx2	xxx3	xxx4	xxx5	xxx6	xxx7	xxx8	xxx9	xxx0
热处理图片3张	金属材料图片4张	黑色金属材料铸铁和钢的图片2张	砂型铸造流程图1张	熔化焊和压力焊图片2张	切削加工实习图片6张选3张	特种加工图片2张	刮砂与浇注图片2张	冲天炉与电弧炉图片2张	卧式压力铸造图1张
第三章外圆车刀图1张	第三章应用最广的通用夹具图片1张	第三章外圆车刀图1张	第三章车削基本方法5张选3张	龙门刨床和插床图片2张	万能卧式铣床图片1张	分度头与铣刀图片2张	磨床图片1张	砂轮安装与修整图片2张	磨削的基本方法图片3张
第四章工作台图片1张	第四章台虎钳图片1张	划规与划针图片2张	扩孔刀图片1张	第五章CAE应力图图片1张	数控车床图片1张	数控铣床图片1张	第六章机床坐标系图片1张	电火花切割原理图片1张	工作液循环系统图片1张
激光焊接图片1张					电解加工图片1张				
焊缝图片1张					电子束焊和激光焊图片2张				
对接接头焊缝坡口图 直角接头焊缝坡口图					搭接接头焊缝坡口图 T型接头焊缝坡口图				

四、金工实习心得体会

（要求：500 ~ 800 字）